大夏书系·作文教学

写作教学的秘妙

16位名师教你上好写作课

裴海安 编著

华东师范大学出版社
ECNUP
全国百佳图书出版单位

图书在版编目（CIP）数据

写作教学的秘妙：16位名师教你上好写作课/裴海安编著 . —上海：华东师范大学出版社，2019
ISBN 978-7-5675-9127-1

Ⅰ.①写... Ⅱ.①裴... Ⅲ.①作文课—教学研究—中小学 Ⅳ.①G633.342

中国版本图书馆 CIP 数据核字（2019）第 085302 号

大夏书系·作文教学

写作教学的秘妙
——16位名师教你上好写作课

编　　著	裴海安
责任编辑	卢风保
封面设计	奇文云海·设计顾问
出版发行	华东师范大学出版社
社　　址	上海市中山北路 3663 号　邮编　200062
网　　址	www.ecnupress.com.cn
电　　话	021-60821666　行政传真　021-62572105
客服电话	021-62865537
邮购电话	021-62869887　地址　上海市中山北路 3663 号华东师范大学校内先锋路口
网　　店	http：//hdsdcbs.tmall.com
印 刷 者	北京季蜂印刷有限公司
开　　本	700×1000　16 开
印　　张	13
字　　数	193 千字
版　　次	2019 年 10 月第一版
印　　次	2021 年 10 月第二次
印　　数	6 101-8 100
书　　号	ISBN 978-7-5675-9127-1
定　　价	42.00 元

出 版 人　王　焰

（如发现本版图书有印订质量问题，请寄回本社市场部调换或电话021-62865537联系）

目 录

序　探寻全面深化写作教学改革的突破口（倪文锦）　　　/001

第一辑　写作课程建设

中小学写作教学内容标准（荣维东）　　　/003
　　中小学写作教学没有内容标准行不行　　　/004
　　国外有没有可资借鉴的写作教学内容标准　　　/008
　　关于制定中小学写作教学内容标准的建议　　　/010
美国中小学写作教学对我国的启示（王爱娣）　　　/014
　　写作教学在美国母语课程中处于什么地位　　　/015
　　美国中小学写作课程要求学生写什么　　　/018
　　在写作教学的指导方法上，美国老师教什么　　　/021
　　美国中小学写作教学是怎样进行评价的　　　/024
谈谈写作学本（丁炜）　　　/027
　　写作学本的内涵与特征　　　/027
　　写作学本编写的意义　　　/030
　　写作学本编写的策略　　　/033

第二辑　写作教学艺术

让"教"看得见，让"写"摸得着（吴勇） /043
　"童化作文"的教学主张 /044
　让每一次写作教学教得精准有力 /048
　基于核心素养的写作训练学 /052

儿童写作需要全程指导（何捷） /057
　当前儿童写作教学中的"教学样态" /057
　在儿童写作的全过程中实现教学互动 /059
　有无服务一线写作教学的操作方法 /062

关于小学生习作能力培养（张晨瑛） /066
　为何选择"习作能力培养"这一研究领域 /066
　如何构建"习作能力培养体系" /069
　培养学生的习作能力应注意些什么 /072

小学写作教学的序列和模式（施茂枝） /075
　研究的初衷是学生易写、教师易教 /075
　追求理论与实践的结合 /079
　怎么看待教学模式 /083

在资料研究中提高作文教学水平（余映潮） /086
　什么是作文教学中的资料研究 /086
　进行作文教学资料研究的视点与方法 /089
　作文教学资料研究的重点是什么 /092

第三辑　写作教学创新

从宏大到微型：写作教学范式的重大转型（邓彤）　　/101
　　"微型化写作教学"究竟指的是什么　　/101
　　"微型化写作教学"这一概念有何意义与价值　　/104
　　如何有效开展"微型化写作教学"　　/107
新型媒介与写作教学（李白坚）　　/113
　　新型媒介对中小学写作教学的影响　　/113
　　怎样用新型媒介改进中小学写作教学　　/118
　　展望未来的中小学写作教学　　/121
在学习中作文，在作文中学习（钟传祎）　　/124
　　为什么要探索学科作文　　/124
　　学科作文的基本理念是什么　　/128
　　如何开展学科作文教学　　/130
关于小学读与写的关系（汪潮）　　/134
　　关于读写结合　　/134
　　关于读写互动　　/137
　　关于读写一体化　　/142
小学语文"读写教学"内容体系的探索和实践（张赛琴）　　/146
　　第一学段应该重视句子的读写　　/148
　　第二学段应该重视段式的读写　　/150
　　第三学段应该重视篇章的读写　　/152

第四辑　写作教学评价

- 谈谈中小学写作教学的评价标准（郭家海） /159
  - 当前我国中小学写作教学评价存在的问题 /159
  - 国外可资借鉴的中小学写作教学评价标准 /161
  - 如何制定合宜的中小学写作教学评价标准 /164
- "写真"还须"求善""尚美"（周一贯） /170
  - 从"伪圣化"到"写真"：作文教学开始皈依"初心" /170
  - "写真"是重要的基础，但还不是终极目标 /172
  - 作文还须"求善"与"尚美" /174
- 小学生作文中的"好词好句"（魏小娜） /177
  - 如何客观评价小学作文中的"好词好句" /177
  - 小学作文教学亟待聚焦的问题是什么 /181

后　记 /187

序　探寻全面深化写作教学改革的突破口

为展示中小学写作教研成果、引领写作教学研究、推进写作课堂改革，2018年《语文教学通讯》（小学刊）裴海安主编专门开辟了"访谈"栏目，不辞辛劳，先后对李白坚、荣维东、汪潮、施茂枝、魏小娜、丁炜、余映潮、周一贯、张赛琴等国内十多位知名写作教学专家进行了访谈。这些访谈近日已结集成书，即将出版。承蒙裴主编厚爱，邀我写序，有幸先睹为快。笔者有感于这些受访者每一位都是我国中小学写作教学研究和实践的先行者和成功者，他们的独立思考和求索精神，深深引发了我的共鸣，于是欣然命笔。

中小学写作教学的重要性毋庸置疑，说写作教学是语文教学的"半壁江山"，说学生的写作水平是他们文化底蕴的终极表征都毫不夸张。所以，一线的语文老师也都非常重视写作教学。但如果问他们在语文教学中所遭受的挫折感，最大的来源恐怕非写作教学莫属了。写作教学高投入、低效益的现实背离，着实令众多教师望洋兴叹。中小学的写作教学有效性不高是一个不争的事实，如何提高写作教学的有效性已经成为困扰基础教育语文教学的一大难题。在各个学段，努力提高学生的写作水平是学生、家长乃至整个社会的迫切要求和强烈愿望。那么，当前中小学的写作教学主要存在哪些问题呢？几年前我曾撰文指出，我国中小学写作教学主要存在写作教学内容缺失、写作指导缺位、写作教学观念落后、一些作文试题导向错误、写作体式要求失当等问题。要解决这些问题，必须把"写什么"与

"怎么写"放在提高写作教学有效性的层面加以反思。我很喜欢这本书，因为它的主要内容正是围绕"写什么"与"怎么写"展开的。从十多位受访者提供的方案看，他们的解决之道个性鲜明，绝不雷同，也富有成效，可谓"八仙过海，各显神通"，这里就无须评述。但真正给我带来惊喜的是，从整合的角度看，它实际上已为全面深化写作教学改革，从战略上解决写作教学难题的整体方案提供了启示。我想这也许是这本书超越"访谈"、超越受访者经验的意义所在。下面谈谈我在阅读中所获得的几点启示。

启示一：写作教学必须牢固树立以学生为本（下称"生本"）的理念。

这句话不应成为口号，而应付诸实践。许多教师认为，学生不会写作，就必须听老师的，按老师的要求写。这是本末倒置。学生是写作教学的对象，却是写作学习的主体、写作的主体，这两者不能混淆。教师必须树立以学习者为中心的课程理念，要坚持基于学生、为了学生和促进学生发展为本。写作教学的出发点与落脚点都必须体现在学生身上。在这一点上，我认为丁炜的"学本"理论就是一个典型代表。她主张"学本"应当是"帮助学生自主学习之本""引导学生学会学习之本"；"学本"要以"学生的学"为基点，重点关注"学生学习的可能性""学生学习的有效性"。这里的"学本"虽指教学资源，但与"生本"的教学理念是一脉相承的，是这一理念下的产物。

以学生为本，就是要求我们按照学生的年龄特点、心理特征和可接受程度设计写作内容，根据学生的认知特点和能力水平组织教学，而不是相反。无论是教学内容，还是教学方法，都应贴近学生的思想、学习、生活实际，满足他们的成长需要。李白坚对新型媒介写作教学的研究和探索，利用多媒体、网络组织教学，打破单纯以语言传递信息和以课堂为唯一教学组织形式的局限，我们不能简单地只是视为帮助学生适应信息时代的需要，它实际上更是反映了满足学生终身发展需要的本质要求。同样，余映潮对学生好作文的期望——情感真挚的作文（写真事，说真话，抒真情，议真事；不说假话、空话、套话，不说平俗的话），以及邓彤基于学生写作学习需求而开展的"微型化写作教学"研究等，也都是"生本"理念的体现。钟传祎探索学科作文,跳出语文教语文,跳出作文变革作文;何捷反对写作教学忽视学情,主张在儿童写作的全过程中实现教学互动,这实际上是"以学定教,以教导学":二者均是典型的"生本"教学。周一贯对"后作文时代"的追求——"写真"还须"求善""尚美",实现儿童健全人格的生命发展,则更是达到了"生本"的最高境界。

所以实施写作教学,教师首先要扪心自问:我们在让孩子写什么样的作文(或者说我们要让孩子写作什么)?这一问题实际上是讨论全面深化中小学写作教学改革的一个必要前提。这个前提不解决,再怎么写都没有实际意义。平心而论,我们当下的写作教学现状,仍是笔下生花(编),锦上添花(好词好句),最后学生是"天女散花"(乱写),严重脱离实际,这与"生本"理念完全背道而驰。我认为写作教学以学生为本,从内容上说,就是坚持儿童生活作文(或儿童生活写作),要真实反映学生发展的阶段性和连续性,促进每个学生主动地、生动活泼地发展。教师要确立和调动学生的主体性与参与精神,引导学生开展积极的语言实践活动,重在通过学生的视角、学生的语言、学生的兴趣爱好,让他们讲好自己的故事、家庭故事、学校故事、生活故事等。在方法上,要走出知识本位、技术主义、讲解分析的传统教学模式,重视启发式、讨论式教学,创设适合学生的学习方式和问题情境,使他们在整个写作学习活动中都感到自己是自主的、积极的、有趣的。要引导学生独立思考、学会学习,提高语言表达和文字写作的素养。

启示二:写作教学必须遵循书面语言教学规律。

中小学写作教学是学生学习与运用书面语言的实践活动,必须符合语言发展规律。不同年龄的学生,他们的语言特点、心理特点、思维方式是有差异的,不同学段的写作教学要针对这些特点,有针对性地进行差异教学,切忌一刀切。要理解学生的思维方式和学习方式,恰当处理学科逻辑与学生心理逻辑的关系,帮助学生用多种方式探究写作过程。语言的学习,无论是口头语言还是书面语言,一般都要经历由模仿、历练,到消化、吸收,再到创造、转化的发展变化,这是一个由浅入深的渐进过程,不可能一蹴而就。生活中的口语，看似自然形成，但与外部环境联系密切。而教学中的学生语言发展，则更需要教师提供切实的、符合学情的指导和帮助，否则学校教育的教学属性就会丧失殆尽。所以，我反对"学生的作文爱怎么写就怎么写""只要写多了，表达水平自然会提高"的所谓"自由作文"。在这一方面，张赛琴、余映潮老师的教学无疑是范例。

如张老师坚持的"读写教学"之读，一是阅读课文内容，二是研读课文写法，三是品读语言表达奥秘。学段目标明确：第一学段（1—2年级），结合课文例句，着重"句子"读写，能写意思清楚完整的短句和内容连贯生动的长句。第二学段（3—4年级），结合课文例段，着重"段式"读写，掌握"把几个句子连成段落"的常规段式，有条理地安排各段落的内容。第三学段（5—6年级），选择富有特点的典型课文，着重"章法"读写，通过各种写作练写，使学生掌握几种常用的谋篇构段的章法。而"读写教学"之写，则是着眼于课文内容、写法、语言而设计的"习作"实践。这符合小学生学习与运用书面语言的规律。

又如余老师，他认为好作文应该有独到的视点，有流畅的文笔，有雅致的语言，有新颖的角度，而且特别需要具有章法之美……这些都需要有范例、范式的影响。例如下面人教版小学1年级的阅读课文《阳光》：

阳光像金子，洒满田野、高山和小河。
田里的禾苗，因为有了阳光，更绿了。山上的小树，因为有了阳光，更高了。河面闪着阳光，小河就更像长长的锦缎了。
早晨，我拉开窗帘，阳光就跳进了我的家。
谁也捉不住阳光，阳光是大家的。
阳光像金子，阳光比金子更宝贵。

余老师经过抽象与提炼，发现了咏物类文章构思与表达的一种规律："先引出事物—再描述事物—最后托物寄意"的写作"三步曲"。小学语文课文中《珍珠鸟》是这样，中学语文教材中《紫藤萝瀑布》《荷叶母亲》乃至

《白杨礼赞》也是这样，都表现出"三步曲"式的结构与手法的规律。他认为这种规律一经点示给适当年级的学生，便可以使他们由一篇知一类，习得一定的语感与文感，从而能够在规律的影响下进行自由而比较规范的写作。

从现象看，以上都是两位老师的写作经验之谈，但实质上它们远已超出经验的范畴，而具有普遍的规律性。其实，还有施茂枝"基于心理特征的小学写作教学序列与模式"的研究，汪潮对"读与写互动"的研究，荣维东对作文教学内容序列化的研究，吴勇对小学写作教学训练系统的校本开发研究，郭家海对语言、思维、篇章三个领域写作教学评价的研究，以及魏小娜由"好词好句"引发的全面的思维训练，帮助学生明确基本的时间顺序、空间顺序、事理顺序、因果关系、递进关系、总分关系、并列关系等逻辑联系，说到底也都是对写作教学科学化的探索。经验，并不一定科学，但科学的经验一定是能够复制的。写作教学走向科学化是学科发展在当代的必然选择，写作教学也只有注入科学的元素，才会有生命力，才能获得可持续发展。所以在这里我再次呼吁，必须提高写作教学的科学性。教育教学的科学性，不光是指内容的科学性，同时也包括按照不同学段、不同年龄学生的可接受程度和心理规律安排教学内容，以及运用科学的教学方式方法等多种因素。写作教学当然不能例外。

需要强调的是，任何一门课程的教材，都包含基础知识和基本技能两个方面，而基础知识又包含经验知识和理论知识。所谓理论知识，即指知识的基本结构、基本原理。写作教学受教学目标和学生年龄的限制，当然没有必要像语言学家、文章学家那样去专门研究语言规律和文章规律，或者像理科教材那样根据定律、定理，形成脉络清晰、逻辑严密的知识结构体系，但读有读"法"、写有写"法"，写作教学也绝不是无法可依、无章可循、没有规律可言的。根据现代认知心理学的观点，学习的实质在于具有内在逻辑结构的教材与学生原有认知结构（即已有知识经验）的相互作用，从而使新材料在学生头脑中获得新的意义。这就告诉我们，学生的认知结构总是与教材的知识结构密切相连。这种相互联系表现在：一方面，认知结构会对知识的摄取产生直接的影响，学生可以凭借良好的认知结构和这种结构的迁移不断获取新知识；而认知结构不完善则容易产生负迁移，导致难以接受新知识。另一方面，教材的知识结构可以转化为学生的认知结构，好的教材结构可以简化知识，可以产生新知识，有利于知识的运用，使学生建立精确的、高度分化的认知结构；差的教材结构则恰恰相反，容易使学生的认知结构趋于模糊、混乱。一些外国教育家也认为，教材是整个教育系统的软件。软件不好，再好的硬件也无法发挥优势。我国历代教育家极为重视"举一反三""闻一知十""触类旁通"，其实质就是重视通过合理的知识结构去塑造学生良好的认知结构。知识结构越是能归结为一般原理，其适应性越强，越有利于学生理解和运用。由此可见，面对写作教材缺失的现实，现在的问题不是讨论要不要写作教材，而是编写专门的写作教材已刻不容缓。

启示三：写作教学必须坚持交际语境写作，充分发挥写作功能。

写作不仅仅是一种产品、一个过程，还是一种基于社会真实情境的社会交流和意义建构。当前，国内外的写作教学更关注学生的写作动机、兴趣，以及写作的实际功能，并将写作置于真实的社会情境中，重视话题、读者、目的等真实交际语境的建构，更深入到写作发生的内在机制。这就是所谓交际语境写作。"文本中心"的写作教学关注的是写作的结果，即"是什么"；"过程教学"关注的是文章如何写出来的，即"怎么写"；交际语境写作则重点关注"为什么写""写什么"和"如何写"等一系列问题，强化写作的交际功能。很显然，交际语境写作、功能性写作等已成为中小学写作教学改革发展的必然趋势。

《语文教学通讯》曾刊登过杭州师范大学任为新老师关于外貌描写的教学实录，就是交际语境写作（或者说功能性写作）的典型案例，很能说明问题。下面节录部分：

师：写人怎么写？最重要的是通过哪几点来写？
生：写人要通过外貌描写、动作描写、语言描写、心理描写等来写。

师：那大家试试外貌描写。就写我。你们仔细观察，然后抓住我的外貌特征，用简洁的文字概括。

（学生仔细观察，概括出的外貌特征是："高""瘦""老"。）

师：简单，不够具体，没给人留下印象——怎么个"高"法呢？"瘦"成什么样啊？"老"到什么程度了？小组再讨论，把我的特点写具体。

（学生经再讨论，形成文字："老师个子很高，有一米七几。但很瘦，估计一百一十斤也不到。老师看上去显老，脸上皱纹很多，头发稀少，脑门有点秃。"）

师：能不能把我写得生动一点？可以用比喻句，把你们对我的感觉、想象写出来。

生：老师个子很高，有一米七六，站到我面前，像一堵墙。/老师细胳膊细腿，瘦骨伶仃，像竹竿似的。（全场笑）/老师的身板像纸那样薄薄的一片，好像风一吹就能刮跑了。/小脑袋、小鼻子，还有小眼睛——笑起来眼睛一眯就没了。（全场笑）/老师骨瘦如柴，看上去显老，脸上皱纹很多，一笑起来，脸上都是括弧。/老师瘦得像火柴棍似的，头发稀少，脑门有点秃，前半个脑袋像鸡蛋。（全场笑）

师：准确、具体、生动，有几句还挺传神，把老师的外貌特征写出来了。但是同学们是否知道，老师为什么那么瘦呢？老师没有老伴。我要去征婚，征婚要写介绍、写外貌。刚才大家把我写得准确、具体、生动，我要拿这些文字去征婚。

（教室里骚动起来，学生们纷纷说不行。）

师：为什么不行？

生：当然不行啊，里面没有用褒义词，用了贬义的、取笑的手法，这样写，看了让人感觉不好。即使有单身的阿姨看到了，也不会来跟老师搞对象的！

师：那应该怎样写？

（有学生冒失地站起来："一米七六的个头，乌黑的头发，英俊的脸庞，浓浓的眉毛下面，有一双炯炯有神的眼睛……"）

师：你们看我的样子，有"乌黑的头发，英俊的脸庞，浓浓的眉毛"吗？你这是成心害我啊！到时候人家真来相亲了，还不拿砖头扁我这个骗子……

我这个外貌特征，要写得准确、具体、生动，但又是相亲用的，要看了让人舒服，应该怎么写？

生：老师个子高挑，有一米七六，身轻体健，风度翩翩，很有魅力。/老师高高瘦瘦的，有一种玉树临风的感觉。他戴一副金边眼镜，目光深邃，气质很好，是大学老师的样子。/老师身材苗条，小脑袋、小眼睛，总是笑容可掬，说话时表情很生动、很有趣，看上去很和蔼，一定是位脾气很好的先生。/老师五十多岁，脸上有不少皱纹，有饱经风霜的感觉。成熟、智慧的男人都是这样的。

师：同学们前面写我的外貌，虽然准确、具体、生动，但我听了不是很开心，估计也找不到对象。但你们现在说的，照样准确、具体、生动，我还特别爱听。这样的文字传出去，那些单身的阿姨读了肯定也舒服，会对我产生兴趣，见了面她们也不会说我是骗子。谢谢大家！

老师再实话告诉你们，我最近老爱忘事，做事丢三落四的。咨询了医生，医生说，这是老年痴呆的征兆……我把你们刚才说的写下来备着，将来我万一走失了，找不到家了，别人可以拿你们写的弄"寻人启事"。你们看行吗？

生：（窃窃私语）感觉有点不行……路人没工夫看。要从最简洁、最容易辨认的外貌来写，具体、生动、比喻句什么的都不要了。

师：好，那我们试试看，怎么来写我的外貌特征。

生：五十多岁，瘦高个，戴眼镜，有点秃头。说普通话。/五十几岁，高、瘦，上穿蓝色衣服，下穿黑色裤子。说话带杭州口音。/六十岁左右，高、瘦，蓝衣黑裤，走路有点晃悠，老年痴呆的样子。/身高一米七六，偏瘦，头发稀少，戴眼镜，上穿"探路者"蓝色冲锋衣，下穿"七匹狼"黑色灯芯绒裤子，"匡威"牌子的运动鞋，左小腿有黑色胎记……

师：今天的三组外貌描写，写出来的差别很大。

第一组，纯粹地抓特征写出我的外貌来，不知道为什么写、写给谁看，有重要信息意义的特征没有抓住，用词也不考虑感情色彩。

第二组，征婚用的，既要抓住特征，用词上还得是褒义的，要让人看了舒服。

第三组，抓住一眼就能辨识的特征，因为我们的阅读对象是路人，太具体，还有生动、传神就没有必要。这组描写除了抓住我最大的外部特征，还关注我的服装颜色、款式来写，简洁明了，只抓最显眼的，陌生人一眼就能认出。

……

作文，除了掌握一般作文要求之外，你们也要问自己两个问题：一是我写这篇作文干什么用；二是这篇作文写给谁看。也就是注意"功用"和"读者"，实际生活中的可以，自己虚拟一下想象的也可以。考虑了这两个问题，我们写作文的思路和目的就会清晰一点，写起来也方便得多，有趣得多。更重要的是，这个能力学好了，将来走上社会，我们的作文能力就会真的在生活中派上用场……

这样的交际语境写作（或者说功能性写作）对于习惯了"笔下生花"的写作教学者来说不啻是一针有力的清醒剂。这种写作教学改革的优势在受访者王爱娣那里也得到了证实。她在谈到美国中小学写作教学的"写什么"时，就非常强调文体意识：第一种，描述或想象类，比如叙述故事；第二种，个人叙述类，比如自传类的叙事、第一手传记；第三种，说明或解释类，比如信息报告、观察作文；第四种，说理或劝说类，比如解决难题、因果推断等。换一个角度看，这里强调文体意识实际上就是突出功能性写作，强化的是写作的功能。而对于我们作文考试中常用的"文体不限"，教学中的"淡化文体"，她也明确表达了自己的观点："文体不限"看似一种文体"解放"，而实际上是一种倒退！学生作文容易"四不像"，思路混乱、不讲逻辑、结构随意等现象非常普遍。

目前，尽管我们国内对交际语境写作、功能性写作的研究才刚刚起步，但已经开始显示其强大的功能。我国前几年的一道高考作文题，要求给违反交规的老陈或举报父亲违法的女儿小陈写一封信，实际上也属于功能性写作。我相信，由于交际语境写作、功能性写作与儿童生活作文（儿童生活写作）理念十分切合，符合写作教学改革发展的必然趋势，因而必将对我国的写作教学产生越来越大的影响。

以上三点，分开看，是写作教学改革的战术动作，属于单向突破；但如果把它们综合起来，从写作主体、语言发展、交际语境三个维度进行整体建构，我认为就可以跳出单向突破的局限，形成写作教学改革的战略思考，绘制我国中小学写作教学改革的蓝图。

倪文锦

2018年教师节

作者简介

倪文锦，我国内地课程与教学论专业语文教育方向的首位博士生导师，原华东师范大学教授。曾任教育部基础教育语文课程标准研制组成员、教育部全国中等职业教育教学改革创新指导委员会委员、上海市教育考试院语文学科组成员、新加坡教育部华文教学海外顾问。曾受香港大学、香港城市大学、香港教育大学等邀请，作为访问学者参与合作研究。2007年11月调入杭州师范大学，曾任特聘教授、学科教育研究所所长，现任中国高等教育学会语文教育专业委员会学术委员会主任。在《光明日报》《中国教育报》《教育研究》《课程·教材·教法》《中国教育学刊》《教育发展研究》《高等师范教育研究》等报刊上发表高端论文20余篇。与洪宗礼、柳士镇联合主编《母语教材研究》，获第四届全国教育科学研究优秀成果一等奖。

第一辑

写作课程建设

中小学写作教学内容标准

荣维东

裴：荣教授，您好！您是中小学写作教学研究方面的专家，我想请您谈谈有关中小学写作教学内容标准的问题，不知道您是否方便？

荣：没问题，我对这个问题也比较感兴趣。我认为我国的写作教育的课程意识比较薄弱。阅读、写作在国外大都是"合科分教"的。比如美国加州在"ELA"（英语语言艺术）学科课程之下，有阅读教材（如《读者的选择》），有写作教材（如《作者的选择》），有《文学》等。在我国语文仍然是综合型学科，在语文教学里有人文的、思想品德的、语言的、文学的、传统文化的、批判性思维的等内容。过去有人讲"阅读-写作双附庸"，结果是两败俱伤，当然"读写结合"有时是必须的，但混沌的综合并不一定是语文课程设计最好的选择。阅读教学和写作教学有各自不同的知识体系、能力序列，它们的课程内容要有独立的系统，"分列合教"很可能更好。写作向来是人学习生活、职业发展、生命成长的重要素养，而且与个人成就发展潜力高度相关，可在我国重视严重不足。写作教育之所以成为"老大难"问题，与其附庸地位有关。我们一定要重视写作教学，给予写作教学和阅读教学相当的地位，最好将写作课程从语文课程中相对独立出来，研制相对独立的写作课程内容标准，编写相对独立的系统的中小学写作教材，开展自成体系的写作教学。

裴：您是说在讨论"写作教学"的问题之前，要先讨论"写作课程"。"写作教学内容标准"要在"写作课程"这个上位概念的前提下才成立。

荣：是的。我们首先要具有写作课程意识，然后才是写作课程内容标准—写作教材—写作教学。我国的写作教学问题很多,积重难返,主要原因不是出在教学层面,而是出在课程层面。我国中小学写作教学专业化水平还很低,写作教学基本处于随意化状态,这与写作课程意识缺失,有效的写作课程内容缺失有关。我们到现在还没有"写作课程"的概念,而这样的课程有哪些知识、原理、技能、策略、态度,更是远远还没有达成共识。比如,写作自然是一种很重要的技能,需要思想、见识、阅读、经历、灵感、兴趣等等,可是中小学写作教学需要不需要知识,写作能力问题单纯靠多读多写是否就能解决,写作有哪些核心素养指标,这些都还是不清楚的。从事任何专业性工作都需要相应的专业知识,写作同样不应该例外。写作显然需要一套精心筛选研制出来的知识体系,尤其是作为课程内容核心的那些知识,比如语法知识、语境知识、文体知识、语篇知识、写作思维方法、写作策略、百科知识等。我国的语文教育包括写作教学专业化水平比较低,就因为其专业知识体系还没有很好地建立起来。

裴:的确,我国的语文教育专业化程度还很低,需要专业化的学科知识体系。我们今天讨论的这个问题,其实就是写作课程建设专业化的问题。我想请您分成三个子问题来谈。一是中小学写作教学没有内容标准行不行?二是国外有没有可资借鉴的中小学写作教学内容标准?三是您对制定中小学写作教学内容标准有何建议?

荣:可以,那我们就按照这三个子话题的顺序展开来谈吧。

中小学写作教学没有内容标准行不行

裴:荣教授,第一个问题,中小学写作教学没有内容标准行不行?

荣:我认为,中小学写作教学没有内容标准不行。为什么呢?任何一门课程都必须有其独特的课程内容,这是一门课程所以存在的基本逻辑。关于语文课程内容(知识),在我主编的《语文教学原理和策略》中有专章论述。关于中小学写作课程的内容标准,我一直主张必须有,而且要抓紧研究制定。2014年年初,重庆市负责小学语文教研的张咏梅老师找到我,希望合作开展小学写作教学方面的研究,我欣然允诺。他们申报了一个"交际语境写作的实践研究"的课题，组建了一个包含重庆九大城区教研员、特级教师与一线优秀骨干教师的三结合团队。在一年的时间里，我们做了一些卓有成效的探索。一开始，我们运用交际语境写作的理论帮助老师们打磨写作课例，去改造、磨课、上课，成绩是有的，有好几位教师在国家级的语文研讨会上都获得了大奖。后来，我觉得这样东一榔头西一棒的不成，必须有一个整体的规划设计。而现有的义务教育课程标准、语文教材都不足以提供小学写作教学内容的序列化、体系化的东西。怎么办？于是，我们和老师们、研究生们一起，对于国内外的写作教学内容做了比较系统的研究梳理。

裴：我知道您曾经考察过我国上个世纪百年写作教学内容史，请您从我国中小学写作教学的历史维度，谈谈这个问题。

荣：这方面的资料比较繁杂，不过自民国起百年来的国文（国语）课程标准、教学大纲，大都可以在《20世纪中国中小学课程标准·教学大纲汇编》里面看到。我写博士论文的时候曾经研究过这方面的资料，自然轻车熟路。我让研究生把其中的写作教学内容按照年份，做系统完备的整理。我让他们分成九个小组，分别承担1—9年级不同历史时期中小学写作内容演变的分析，然后提交报告。从中我们发现了很多有意思的东西。

比如2017年4月发表在贵刊的《20世纪上半叶我国作文课程内容考察》一文中，我们认为清末的作文教学试图实现从"应制"到"应用"的现代写作课程观重大转型。此后民国时期的写作课程在正规化、科学化、体系化上进行了卓有成效的探索。这些探索主要表现为：确立了"自由发表思想"的写作观，实现了普通文（记叙文、说明文、议论文）、应用文、文艺文等教学文类的初步定型，教学内容形成了一定的序列，作文训练类型走向多样化，同时那个时期的写作教学方法也体现出一定的进步和科学性。

我在另一篇论文《我国建国以来作文课程内容发展审议》中介绍了20世纪下半叶作文教学内容的发展。新中国成立以来，我国发布了多个教学大纲和标准，对作文教学内容进行了不断的探索。五十年代，课程大纲在教学内容序列化、作文样式多样化、写作内容具体化等方面有新尝试；1963年，大纲延续传统，凝聚共识，并提出了一些问题；改革开放后的大纲强化且细化了写作能力，并采取了分条款逐级表述的方式。在那篇论文中，除了对新中国成立以来我国作文课程内容的发展进行系统梳理和客观审议外，我呼唤探索科学有序、系统高效的写作课程内容体系。

以上是对"课程标准"层面的研究。其实在教材层面，我也和研究生们一起进行了梳理和研究。我们梳理了人教版、苏教版、语文版等语文教材，将它们各自的写作教学内容列出来，经过分析发现：大多数写作教学内容是不成体系的。为什么会这样？就是因为我们语文学术界根本没有正式的、系统科学的写作课程内容研究。

其实，早在1957年，人教社就让叶圣陶等人搞过一个《作文教学大纲》，当时叶老依据那时的人教社教材做过独立的写作教学内容的设计，遗憾的是那个大纲最后没有公布。到了八十年代，一些特级教师和优秀教师、专家做过一些关于作文教学序列化的有益探索。记得当初在华东师范大学攻读博士时，我有一段时间跑到图书室那些发黄的故纸堆里翻了个遍，看到当初杂志上老师们发表出来的作文教学内容序列，很是佩服，觉得这是写作教学专门化、科学化的必由之路。

再往前追溯，我们古人对作文教学内容的序列化探索也是有的。比如：宋代谢枋得《文章轨范》一书七卷分"放胆文""小心文"，提出"初要大胆、终要小心——由粗入细，由俗入雅，由繁入简，由豪荡入纯粹"就是一种比较科学合理的教学序列的安排。清代王筠在其《教童子法》中也曾以驯马为例说明儿童习作先"放"后"收"的过程，即"作诗文必须放，放之如野马，蹑跳咆嗥，不受羁绊，久之必自厌而收束矣。此时加以衔辔，必俯首乐从"。先"放"后"收"的作文训练也很有道理。当然这是就教学实践层面来谈的。

民国时期，黎锦熙的《新著国语教学法》中对1—6学年的演说和写作教学内容有过明确的建议。其实，那个时期的课程标准涉及作文时，其内容建议大都还算是具体实用的。

新中国成立后对作文教学的序列化的探索也没有停止。比如，1978年中央教科所的张田若曾经发表过《作文训练三步走》，后来经李昌斌、马兆铭完善为"四步走"：口语训练（1年级）—写话训练（2年级）—片段训练（3年级）—作文训练（4—6年级），大致呈一个序列。1981年起人民教育出版社组织编写了《阅读》和《写作》(试教本)分编型语文教材。据我手头的资料,还有广西教育学院、北京师范大学、华东师范大学编的教材,还有一些特级教师在八十年代进行过很有益的探索,如洪宗礼、陆继椿、欧阳黛娜、颜振遥等。在小学阶段进行序列化教学内容探索的还有吴立岗、贾志敏的素描作文序列,常青的作文分格训练序列,丁有宽的读写导练序列,姜兆臣的作文序列,于永正的儿童言语交际功能序列等。我国香港、台湾的作文教学内容序列也比较清晰、好操作。

裴:您这一番话,让我们了解到我国写作教学历史上还有这么多有识之士做过这么多有益的探索。我们的确需要进一步挖掘整理、学习借鉴。这些年您经常深入中小学语文教学一线,对中小学写作教学非常了解,请您从我国中小学写作教学的现实维度,谈谈这个问题。

荣:我原来就是一个语文教师,读博之前有过18年的一线教师经历。从现实角度看,我国中小学写作教学大致是无序的、随意的,写作教学基本上是不教或乱教的状态。大多数情况下,优秀的教师不过是遵循教材上的写作(任务)题目,进行一些比较精致点的教学设计而已。我们在微信"语文共享群"里还有过讨论,序列派和非序列派分歧很大,似乎各有道理,难以达成共识。我认为写作课程从认知上、实践上都应该大致有一个序列才行,否则就混乱不堪,至少会重复教学,无章可循。但这个问题太复杂,写作教学内容序列极其复杂,有序列也很可能不是单一指标的线性排列,而是多维指标的复杂编织。因为从学生来说,每个学生知识能力差别太大,单一的序列不可能适用于每一个学生。我的设想:写作教学内容绝不是文章学知识的一维结构,还包括过程策略、交际语境的多维结构;从课程开发上看,写作教学内容研发就像用五彩金线去编织地毯。记得上海师范大学的李重博士认为:笼统地批判序列化,是不妥的。如果只是针对单向度的序列,那又属于以偏概全。因为从现代教育制度的整体设计来看,写作课程有序、守序是应有之义,问题的关键是需要什么样的序列,而不是完全否定它。个人以为,写作课程的序列是动态组合的,与学生写作能力发展呈耦合性结构。一位特级教师认为:语文不同于数理化,而有其自身的特点。试图建立如数理化一样的序列,显然违背了语文学科的特点。可以建立动态序列，但不可序列化。李重博士主张写作课程要序列化，他当初提到这可能涉及以下几个层面的问题：1.如何理解序列或序列化？如何在写作课程与教学语境中来理解这一基本概念？2.在什么层面来探讨写作课程与教学的序列或序列化？哪些层面有序列？在什么样的情境背景下可以序列化？哪些层面不必追求建构序列或序列化？3.针对具体学校、具体学生及师资特点，需要什么样的序列？4.基于反馈评估，如何调整、优化序列？……可以肯定的是，从课程层面来看，只要讲知识，就一定有序列及序列化的问题。

裴：是的，荣教授。关于这个问题，您的观点是：中小学写作教学要有内容标准才行，而且这个内容标准还应该是有序的。您先从学理上阐述了自己的理由，接着从我国中小学写作教学的历史和现实两个维度做了说明，还从当下一些同行的讨论中进一步佐证了自己的观点。

荣：是的！这大致是我目前关于这个问题的基本了解和认识。

国外有没有可资借鉴的写作教学内容标准

裴：荣教授，这些年您致力于国际语文教育的比较研究，尤其是对美国中小学写作教学的研究，非常深入，收获良多。我想知道的是国外到底有没有可资借鉴的中小学写作教学内容标准？

荣：这也正是我接下来想说的。我们近些年除了对国内百年来的课程标准、教材和教学界关于写作教学内容的探索做了梳理之外，对于国外的相关做法也很重视。

裴：听说您的研究团队对于国外几十个主要国家的写作内容标准做了研究，能大致介绍一下吗？

荣：当然。我们这么多年对国外二三十个主要国家和地区的写作内容标准，做了分析和整理。比如，英国、美国、加拿大、法国、德国、日本、澳大利亚、韩国、南非、新加坡等等。我和研究生一起翻译了美国1996年的英语语言艺术标准，2010年的《共同核心英语语言艺术标准》，介绍了澳大利亚等国的标准，尤其是美国所有的州立标准都收集到了，还有加州的写作教材也翻译了一部分作为参考。加上洪宗礼、倪文锦先生编写的《母语教材研究》十卷本，以及其他一些学者、研究生的翻译介绍，再加上我在美国访学前后三年，收集了大量的母语课程教学方面的资料，做过一些实地考察，可以说我们是基本熟悉国外写作教学的状况的。

西方发达国家的课程标准里大都有写作内容标准。它们的母语课程标准，大体属于"内容标准"，而非我们的"结果标准"。前者着眼于学科具体内容的设计、开发，立足于从"学什么"上做出具体规定；后者着眼于学习结果的描述，回答的是"学得怎样"的状态。课程标准应该是对学生在校期间应掌握的特定知识、技能和态度的清晰明确的阐述。一个良好的课程标准应该是具体、清晰、可操作的。如果一个课程标准过于笼统模糊就失去了其指导意义。

举个例子。美国2010年"共同核心英语标准"是这样描述小学5年级评论类写作教学内容的：

写关于题目或文本的评论，写出观点的一个方面，并以原因和知识作为支撑。

a.清晰地介绍一个主题或文本，陈述一个观点，创建一个组织结构，其中包括组织起来相关的观点去支持作者的写作意图。

b.提供逻辑有序的原因，有事实和细节的支持。

c.用词、短语链接的意见和理由以及条款（例如、因此、具体）。

d.提供一个总结性的陈述或与呈现的观点相关的部分。

你看，他们把每个年级、每种文体写作所需要的篇章知识、能力、语篇的要求都规定得清清楚楚。其他信息类、叙述类文本的要求也是如此，具体不列举了。

裴：他山之石，可以攻玉。既然国外已经有了比较科学的中小学写作教学内容标准，我们就应该研究转化、洋为中用。

荣：是的。他山之石，可以攻玉。有时候，视野限制不可避免地会造成我们知识和认知上的偏狭和错误，而我们又不自知。我觉得我国的语文教育学者和一线语文教师都应该了解一点国外的写作教学状况，从人家那里，汲取学习一些写作教学的知识和智慧。这样的话，我们写作教学的专业化水平才会有一些突破和提升。

关于制定中小学写作教学内容标准的建议

裴：我同意您的看法，一方面我们要古为今用，继承弘扬我国历史上关于中小学写作教学的研究成果；另一方面我们要洋为中用，学习借鉴世界各国中小学写作教学的先进经验，以提升我们关于中小学写作教学的理论和实践水平。接下来，我想就制定中小学写作教学内容标准听听您的建议。

荣：好的。2015年我们曾草拟过一份小学写作教学内容标准建议稿。在这份建议稿中，有一个核心理念就是：培养学生真实有效的书面表达和交流能力。我们的突破口就是我提出的：交际语境写作。

裴：几年前，您就指出，"交际语境写作是我国中小学写作教学的发展方向"。怎么理解交际语境写作？您又凭什么做出这样的判断呢？

荣：这与我对写作教学本质的认识和国际写作教学理论发展演变史的研究考察有关。主要基于如下两点——

1.从写作的本质看：任何一次写作行为都可以看作是一场特定语境下的对话交流。这个语境包括话题、读者、目的、文体等。语境决定并塑造了语篇。我们过去仅仅重视了写作结果这一个单一向度。这就是从好文章的指标即中心明确、结构文章、内容充实、语言生动等文章知识角度教写作。这有没有用呢？我认为有用，但是作用很小。因为写作毕竟不是死的知识信息的活动，而是一种言语心智技能，一种自动化、缄默化、过程性的言语心智活动。会写作的关键是：基于任务语境，去运思，去唤醒大脑中的物象信息，去组织那些冒出来的信息并用适当的语篇形式表现出来。我们说：写作即特定语境中的语篇建构。写作是具有交际性的语篇建构活动。写作教学不仅仅要培养学生写文章的能力，更重要的是要培养学生，使他们能够根据不同任务语境的要求，灵活高效地运用语篇进行表达和交流。

这才是真实的写作能力。

2.从国际写作教学理论发展看，经历了由"文章写作"到"过程写作""交际语境写作"的转型。传统的写作教学关注写作结果，以语言学、文章学知识为主体，重视写作的结果即"写成的文章"。上世纪六十年代以来，随着认知心理学和应用语言学的发展，西方对于写作心理和写作过程中的主体心理过程的研究成果中，出现了一些著名的写作过程模型，如弗劳尔和海斯的"过程写作模型"。这些模型大都把写作看成是一种主体的认知心理活动和问题解决的过程。上世纪八九十年代以来，随着社会功能语言学和建构主义的发展，人们进一步认识到写作不仅仅是一种产品、一个过程，还应该是一种基于社会真实情境的社会交流和意义建构。在这个时期，写作教学理论更关注学生的写作动机、兴趣以及写作的实际功能，将写作置于真实的社会情境中，重视话题、读者、目的等真实交际语境的营构，以激发学生深层的写作动机，更深入到写作发生的内在机制。如果说"文本中心"的写作教学关注的是写作的结果，即"是什么"，那么"过程教学"关注的是文章是如何写出来的，即"怎么写"，而交际语境写作则重点关注我们"为什么写""写什么"和"如何写"等问题，这就可以整体解决写作教学存在的根本问题。这一点，在我的文章《谈写作课程的三大范式》（见《课程·教材·教法》2010年第5期）中可见。

当然，我们这个时代更注重母语的交际功能，更注重写作在学习、生活、工作中的实用工具功能。有人觉得我提出的"交际语境写作"只适用于"应用文"写作。这种理解是错误的。其实，文学写作也是完全可以用"交际语境写作"来解释的。

裴：刚才您说曾经草拟过一份小学写作内容标准建议稿，那么在起草的过程中您是如何做到将先进的教学理念和写作教学实践融合在一起的呢？

荣：这份建议稿已经完成两年了，还在试验、完善之中。下面我就大致介绍一下它的情况。

1.这个标准文稿是在容纳现有语文课程标准、借鉴民国和国外优秀写作标准的基础上，从交际语境、语篇指标、写作过程方法策略三个维度制定的，符合儿童认知水平、适合中国实际需要、与国际接轨的写作内容标准。

2.语篇形态：句、段、篇，由简单到复杂，着眼于真实、实用、交际语篇写作能力的培养。

3.话题线索：分自我、家庭、生活、自然、想象、社会、人生、精神、文化、世界、科技、经济、历史、军事、建筑、商业、娱乐、文学、教育、科幻等等，务必与真实的学习、生活结合，并考虑到未来学习、生活、工作的需要。

4.写作类型：分通用文（叙述类、信息类、劝说类）、实用文、文艺文三大类。包括自叙文、描述文、阐释文、劝说文、实用文、文艺文（诗、小说、故事、短剧）等。其中，通用文属于课堂情境中的教学文体或训练文体；而实用文、文艺文接近于生活中的真实文体。

5.写法线索：贯穿写作策略教学理念，有头脑风暴、思维导图、自由写作、调查、采访、对话、游戏、活动、范文、合作、探究、过程五步骤、想象、关联、T型图、放射图、鱼骨图、列提纲、RAFT策略、读写结合、基于文献和网络资源等。

该标准分为结果标准、内容标准、写作任务设计三个层面。结果标准遵循认知逻辑循环递升。内容标准规定每年级每一次具体的写作任务、类型、语篇指标等要求。写作任务设计规定每学年30次，上下学期各15次（大致每周一次），尽可能形成一个严谨的科学的写作活动序列。所有写作任务都可以看作是一个小的写作模块，可以根据学情和教学实际自由组合。因为这份标准文稿还处于实验完善阶段，我大致先说这些。

裴：据您了解，国内还有哪些专家、学者、名师比较关注这个问题？他们的哪些著述对您产生过影响或启示？

荣：我们的这项工作得到了倪文锦、王荣生、李海林、顾之川、郑国民，还有您的支持。我注意到国内关注这个问题的还有吴立岗、吴忠豪、董蓓飞、李政涛、叶黎明、郭家海、管建刚、吴勇、张晨瑛、罗珠彪等人，当然还有其他专家学者也在关注和研究这个问题。所有这些学者的研究、思考与摸索，都将对未来写作教学内容研究和语文课程标准建设产生助益，并进一步推进我国写作教学专业化的发展。

裴：是的，进入新世纪以来，我国一大批专家、学者、名师，对中小学写作教学进行了深入细致的研究，取得了丰硕的成果。这些研究成果，对于将来建构中小学写作教学内容标准一定非常有用。

荣：是的，我完全同意您的这个说法。

裴：刚才您围绕"中小学写作教学内容标准"这个话题，简明扼要地阐述了您的观点，对于所有关心中小学写作教学的人来说，应该很有启发。我希望越来越多的同人关注这个问题、研究这个问题，从而促进这个问题早日得到很好的解决。最后，请允许我代表读者谢谢您，感谢您和我们分享对这个问题的深入思考和独到看法。

访谈嘉宾

荣维东，西南大学文学院教授，硕士生导师，语文高级教师，语文教育研究所所长。华东师范大学教育学博士（语文课程教学论方向）。中国高等教育学会理事，高教会语文教育专业委员会常务理事，中国写作学会中小学写作教学专业委员会常务理事。曾从事中学语文教学18年，获"教学能手""学科技术拔尖人才"等称号。2010年获华东师范大学"支援西部奖"。2011年4月，赴香港大学教育学院研修；2011年7月，赴英国伦敦大学教育学院培训；2014年8月—2015年8月受国家留基委委派到美国堪萨斯大学做"访问学者"（后延期至2017年8月）。目前发表学术论文100多篇（其中人大复印资料转载25篇），出版专著《交际语境写作》，主编《语文教学原理与策略》《语文文本解读实用教程》《语文课堂教学微技能训练》等教材多部，主研课题十多个。主要研究方向：写作教学理论、中外母语教育比较、语文教师教育等。其提出的"交际语境写作"被评论为"将中国写作课程重建向前推进了一大步"，在全国有重要影响。

美国中小学写作教学对我国的启示

王爱娣

裴：王老师，您好！您是美国母语教育方面的研究专家，我想和您谈谈美国写作教学的有关问题，不知道您是否方便？

王：好的。

裴：王老师，美国中小学写作教学给您最深的印象是什么？

王：美国中小学的写作教学给我印象最深的就是两个字——务实。有人认为，美国教育功利主义至上，讲究实用，追求实证，如林语堂先生在他的《美国的智慧》一书中说到，美国人有幽默感和洞察力，更有一种"强烈的事实感"。这些都说明美国教育精神里面有一个字很重要，那就是"实"。

裴：教育需要务实。您觉得他们的"务实"精神体现在哪些地方呢？

王：我认为，他们的"务实"主要体现在三个方面：第一，"写什么"很明确，不必绕弯子，兜圈子；第二，"教什么"也很明确，在"道"上狠下功夫，启发思维，强调过程，教给学生能够举一反三的思维方法；第三，"写得怎么样"也必须明确，通过考试评价来监控写作教与学的质量。

裴：您说的这三个方面都很重要，每个方面都值得我们深入研究。

王：是的。因为写作是母语课程中的一个重要门类，它关乎学生未来的发展，中学毕业无论是升学还是就业，表达与交流能力都非常重要。

裴：除了"务实"，美国中小学写作教学还给您留下哪些印象？

王：讲究"科学"。这是美国教育一贯坚持的立场。美国前总统布什在《不让一个孩子掉队法案》里明确提出要使美国教育建立在"雄厚的科研实力基础之上"。

裴："务实""科学",这两点经验非常重要。王老师,您认为,作为母语课程中的重要门类,美国中小学写作课程的建设是否经历过较长的发展过程?这个过程大致有多长?

王："美国中小学写作课程",您的这个定位很准,美国的中小学写作教学的确是一门"课程"。为什么这样说?因为它有适切的教学目标,有具体的写作标准,也有清晰而系统的教学理论建设,包括教学方式与思维训练过程等,还有独立的写作测评。美国的写作教学拥有相对完整的教学体系,所以说它是一门课程。美国中小学写作教学课程的建立和发展经历了一个不断尝试建构、不断积累经验和反思提升的过程,从上个世纪七十年代起步,到九十年代基本成熟,历时20年。

裴：美国写作课程的发展经验告诉我们,建立一套完整有序的写作课程体系,需要较长的时间,我们的写作课程处于起步阶段。王老师,您这些年对美国的写作教学做了比较深入的研究,下面请您具体谈谈美国的中小学写作教学能够给予我们哪些启示。

王：好的。美国写作教学的确有很多值得我们了解与借鉴的地方。我们从哪些方面展开讨论比较好?

裴：我想请您从四个方面来谈。一是写作教学在美国母语课程中处于什么地位?二是美国中小学写作课程要求学生写什么?三是在写作指导方面,美国的老师教什么?四是美国的中小学写作教学怎么评价?

王：好的,下面我们就按这四个话题来谈吧。

写作教学在美国母语课程中处于什么地位

裴：王老师,第一个问题,您认为写作教学在美国母语课程中处于什么地位?

王：可以这么说,我们的语文课堂教学通常是以阅读教学为主,兼顾作文练习。而在美国,写作教学已经被提到国家利益的高度上来重视,他们的写作教学是母语课程中的一项重要内容,其重要程度几乎可以与阅读教学平分秋色。

裴：怎么理解美国的写作教学被提到"国家利益的高度"来重视的？请您具体谈一谈。

王：写作课程的设置不是个别人、少数人，或者一群人的事情，不是个人行为而是国家行为，是从国家利益的高度为学生的未来发展设置适切的目标。

裴：从上个世纪七八十年代起，美国教育就开始重视写作教学，开发写作项目。他们为什么会产生这种意识？

王：我想，主要原因在于他们发现学生的写作水平存在很大问题，然后，想办法去解决这个问题。渐渐地，写作教学就越来越受到美国人的重视。

裴：他们发现了写作教学存在哪些问题？有没有这方面的调查数据？

王：当然有这方面的调查数据。美国教育非常重视"实证"，强调用数据说话。例如，在1984年，针对国家教育进步评估（The National Assessment of Educational Progress，简称NAEP），他们做了一份名为《1974～1984：十年写作趋势》的研究报告，其中通过对大量数据的调查分析，得出了两条结论：一是美国学生1984年的写作水平并不比十年前更好；二是这些9、13、17岁学生的写作成绩低到令人忧伤的地步。这就是问题所在。

裴：我想问一下：为什么是9、13、17岁学生的写作成绩，而不是全部中小学生的呢？能介绍一下吗？

王：可以。这里就要介绍一下美国的国家教育进步评估，这项评估由美国国会授权、教育部负责实施，是目前美国唯一一个从全国范围内收集4、8和12年级学生的典型样本而开展的教育进步评估，从1969年开始，至今已经持续了50年，它在美国教育质量监控上发挥了重要作用。除了写作，它还对阅读、科学、数学、公民、地理等科目进行定期评估，并通过搜集国家、州和地方三个层面学生的学业信息，反映美国的教育现状，揭示美国各州、地区在学校教育工作上的不足，所以又被誉为"美国国家教育的晴雨表"。

裴：有了这样一个国家级的教育进步评估，全国基础阶段教育质量将能得到很好的掌控。上面讲到在写作方面发现了存在的问题，他们又该如何解决呢？

王：他们认为，要提高学生的写作成绩和书面表达水平，就需要设立一些更为系统的"写作项目"，直接而有效地解决写作问题，于是，美国各州开始设立写作教学及评价项目。例如，加利福尼亚州是最先通过立法程序建立写作评价项目的州之一，像得克萨斯、纽约、威斯康星、南卡莱罗纳以及佛罗里达等州也相继建立起一套写作项目及评价体系，为学生的写作能力把关。

裴：从您的介绍中得知，美国各个州对写作教学非常重视，那么，有没有一个以国家的名义直接传达政府对写作能力重要性的充分认识的文件呢？

王：有的，像《美国教育部2002—2007年战略规划》这份纲领性文件中就明确指出："今天的青年人需要在书面表达和口头交流方面具备很强的技能"。

裴：官方文件精神要化为课堂教学实践，需要一个过程，您认为，美国的写作教学是怎样做到这一点的，也就是说，他们是怎样实现从象牙塔的文件精神到课堂实践的落地的？

王：我觉得，这个问题有点复杂，不过，简单地讲，从理念的产生到理念的推行再到理念的落实，一般需要通过三个途径来实现。第一个途径是借助课程标准的制定、颁布和实施来实现；第二个途径是借助对学科专家及理论研究者的研究成果的推广应用来实现，例如2010年以前，我们在美国各州的课程标准里都可以看到他们对写作教学研究成果的应用；第三个途径嘛，当然是教材的编写与使用。我这么说，不知您是否同意？

裴：我同意。不过，我有一个问题想请教您：据说美国的语文（英语）教学没有教科书，或者说，美国的学校不采用教科书，那么第三条途径是不是就落空了呢？

王：您客气了。我觉得，说美国语文教学没有教科书其实是一种误解，美国不仅有语文教科书，而且教科书的科技含量很高，内容翔实，极有分量。他们的教科书编写真正做到了与时俱进：每六年一个修订周期，内容更新也很及时。即使学校不采用某套教科书，写作教学也不会因此而落空的，因为他们除了阅读或文学教材，还有专门的写作教材或资源，教师教学时基本上都会参考并使用它们。

裴：看来，提高中小学生的写作能力，应该提高到国家层面加以重视。一是应该把建构我国中小学写作教学课程标准摆上议事日程；二是应该鼓励广大中小学语文教师在名师专家的引领下创新写作思路、改进写作教学、总结写作经验，为研制适合我国基础教育特点的写作课程标准提供可靠的实践支撑。

王：我非常同意您的看法。

美国中小学写作课程要求学生写什么

裴：王老师，现在我们来谈第二个问题"美国中小学写作课程要求学生写什么"，可以吗？

王：可以。

裴：王老师，您对美国写作教学做过专门研究，记得您在《美国语文教育》这本书的第六章里，详细阐述了美国写作教学的内容、方法以及测评等方面的情况，我想问的是，在写作教学方面，您认为中美有什么不同呢？

王：有很多不同。首先名称不同，美国叫写作课，我们叫作文课。表面上看，只是叫法不同，实际上"课如其名"。对于"写作"与"作文"这两个概念，我们可以这样来理解："写作"是一个动词，表明写作实践是一个动态的思维进程，尤其强调思想的参与，写作者的思想活动贯穿于整个写作过程，在这个过程中，是思维活动在推动语言的生成。相比之下，作文教学的主要任务就是教学生写作文，强调结果——写一篇作文。

裴：是的，王老师。我们的作文课如何安排课时，如何教学，想必大家心里都有一本账，而美国的写作课又是怎样安排教学时间，处理写作内容或专题的呢？

王：这正是我要讲的中美写作课程的第二个不同点。一般情况下，我说的是"一般情况"，绝大多数教师都是依据教材内容进行教学，即"用教材教",把写作当成"专题"来研讨,写一篇文章,就是在做一个研究专题。我在《美国写作教学怎样使用教材》(《江苏教育》2014年第9期)一文中对此做了比较具体的介绍说明,这里不作展开。我们的作文课往往也是根据教材提供的内容,按照教材布置的任务,要求学生写一篇文章,写完上交。接下来,教师批改,写评语,做讲评。讲评完毕,一篇作文训练就完成了。我们的作文课往往只在题目或材料上做文章,看起来效率很高,课堂上的作文训练,基本上都是速成的。

裴:您再说说,美国的写作教学会在哪些方面做文章?或者说,他们写作训练的着眼点在什么地方?

王:我认为,美国的写作教学做得比较扎实,这与他们对写作文章这项复杂的脑力劳动的本质过程认识得比较早,也与他们对文体特征、对语言表达能力和行文结构的重视有关。教学中,他们在文体上做文章,在写作过程中训练学生的思维能力,同时兼顾语言规范训练。文体特征、写作过程、思维程序和语言规范,是美国中小学写作教学关注的几个焦点,其中文体特征是着眼点,其余都围绕文体特征进行训练。

裴:您说到美国写作教学"用教材教"的问题,这与我国语文课本里的单元写作训练相同吗?

王:不同。从形式上看,美国中小学教材在处理写作任务时与我们的教科书大体相同,都是把写作项目编排到每个单元模块中,但实际情况却很不相同。例如Glencoe《文学》(2007年版)这套教材涵盖了6—12年级,每个年级一本教材(每本都是精装,一千多页):6—8年级,每个年级各8个单元;9—10年级,每个年级各6个单元;11—12年级,每个年级各7个单元。每个单元内容的编排都非常严格、规范,项目统一。以"文体"组建单元,每单元一个文体重点。每个单元内容包括:文体聚焦、阅读技能、文学要素、写作作品、英语语言训练和语法6个项目。从文体重点到阅读再到写作项目,都紧紧围绕单元"文体"进行,而且从6年级到8年级反复训练这些文体的写作。

裴:他们要求学生学会写作哪些文体的文章呢?

王:初中阶段,要求学生学会写作文章摘要、短故事、自传、劝说、研究报告、现代寓言、诗歌、描写等诗歌或文章；高中阶段在初中的基础上增加个人简历、反思文章、研究论文、社论和文学评论等。

裴： 看来，写作是一门实实在在的课程，从文体上做文章，的确有它的优势。美国中小学写作课程规定学生学会写作的文体，有没有经历一个发展、变化、调整的过程？

王： 有的。我个人认为，美国的写作教学在文体的确认方面也走过一段弯路。例如，2000年前后，加利福尼亚州写作评价项目曾经规定，学生在学校必须学会八种类型文章的写作技巧，它们是：自传类叙事文、信息报告、解决难题类、评价、故事、观察文章、给别人写传记、推测原因和结果的文章等。其实，这五花八门的种类，概括起来就是四种类型：

第一种，描述或想象类，比如叙述故事；

第二种，个人叙述类，比如自传类的叙事、第一手传记；

第三种，说明或解释类，比如信息报告、观察作文；

第四种，说理或劝说类，比如解决难题、因果推断等。

这些内容看上去就很复杂，写起来也不容易。为了指导写作实践，他们在理论研究上不断探索、改进。2010年颁布的"共同核心州立标准"把写作文体缩简为三大类，明确规定学生必须学会写作叙述类文章、说明类文章和议论类文章，并且把议论类文章作为重点。

裴： 看来，美国写作教学对文体特征的重视，给我国中小学写作教学提供了一个很好的参照。作为一线教师，您认为我国目前的写作教学存在哪些不足？

王： 我个人觉得，与美国相比，我国的中小学写作教学的确存在一些缺失。比如，不重视对学生写作思维和语言规范的训练，忽视读者的存在。当然，最根本的还是，新世纪课程改革以来，我们的语文教材"淡化文体"，作文也力求摆脱文体的限制，例如中考、高考作文的"文体不限"，就是典型的例子。

裴： 对"淡化文体"这种情况，您怎么看？

王： 表面上看，"文体不限"是一种文体"解放"，而实际上，学生作文的"四不像"、逻辑思路的混乱、结构的随意性等问题的出现，在很大程度上证明了这种"文体放纵"是一种倒退!

在写作教学的指导方法上,美国老师教什么

裴:美国教育很善于并且及时地把科研成果加以推广应用,及时更新教育理念,做到与时俱进,同时确保学科教学建立在"雄厚的科研基础之上"。那么,有人可能会产生这样一个疑问:从小学到初中、高中,12年如一日,反反复复地训练那几种文体的写作,学生会不会感到厌烦,觉得枯燥无味?写作教学会不会因此变得了无生趣呢?

王:您的这个问题非常尖锐。其实,我国的作文教学不是严格、死板地按照文体进行训练,而是一次又一次地抛给学生一个又一个新鲜灵活的题目或话题,可是也很少听到学生说喜欢写作文,写作文仍然是他们学语文的"三怕"之一。

裴:诚然,学生对写作文总有一种畏难情绪。写作文真的就那么难吗?能不能教会呢?

王:写作文的确不是一件容易的事情,书面表达能力的提高,受到思维能力和语言素养等多方面因素的影响。美国教师也承认学会写作不能一蹴而就,但是,他们充分相信"写作是可以教会的"。

裴:那么,在写作指导上,美国教师教什么呢?

王:简单地讲,他们在写作指导上教给学生三样东西:一是培养学生的写作意识;二是教给他们逻辑思维的方法;三是训练语言书写与表达的规范。

裴:先看写作意识,这个概念具体有哪些内涵?请您具体介绍一下。

王:写作意识主要包括结构意识、读者意识和目的意识。教学时,从K年级起,要求学生养成结构意识,让他们知道一篇文章必须有完整的结构。简单地说,文章结构包括三个部分:开头、中间和结尾。开头必须告诉读者你要表达的主要思想,或提出的中心问题,引出下文;中间部分是主要内容,要有逻辑地叙述事情,或者说明要介绍的对象,或者分析讨论要证明的观点;结尾要有"结束感",用一个句子或段落收束全文。读者意识是

指在写作的时候要目中有"人",这个"人"就是你的读者,你在为他/她写作,他/她在听你叙述、说明,或者听你阐述道理、辨别是非。目的意识呢,实际上就是文体意识,要明确写作文章的目的是什么:你是在向读者叙述某件事情,还是介绍某项活动或者某个事物,或者表达或辨析某种观点?

裴：看来,美国中小学的写作教学非常注重抓好起始阶段的规范训练,类似于从"破蒙"时起就要求写文章要符合规范标准。建立写作意识,认识文章的结构,有逻辑地组织语言、表达思想,很大程度上说,这是从外在形式上做文章。我们知道,文章的形式与内容二者之间的关系是,形式服务于内容,形式为次,内容为主,那么,他们又是怎样充实文章的内容,完成准确而有逻辑地表达思想的呢?

王：或许这正是中美两国在写作教学上最大的区别。表面上看,美国中小学写作教学是从形式（文体）入手的,实际上他们是内容与形式"两手抓,两手都很硬"。

裴：他们是怎样做到"两手抓,两手都很硬"的呢?请详细说说。

王：我觉得,关键在于他们对写作教与学两个方面的研究都在不断深入。把写作当成"一套思维程序",既然教师教会写作不能一蹴而就,学生学会写作也不能一蹴而就,那么,就要用慢功夫来磨和练。所以,从上世纪九十年代起,美国写作教学一直在对语言规范表达和思维发展进程的研究上下功夫,先是制定了"写作过程"的六大步骤,即构思、写初稿、修改、编辑、誊写和上交（出版/发表）。这六大步骤被编进教材,教师也按照这个"过程"进行教学。2004年,我去美国学习,在加利福尼亚州的一些中小学教室里可以看到,这六个步骤用各种形式的条幅印出来,挂在教室醒目的位置,字字深入人心。后来,俄勒冈州的"西北教育实验室"又研究并开发了一项成果,叫作"6+1"特征作文模式,即优秀作文的六个基本特征,包括思想内容、结构组织、个性风格、词语选择、语句流畅、语法规范,以及"文面"。这些理论成果,在全美所有中小学普及,并在教学中得到了充分的实践。

裴：的确,从对一种文体的感知、认识,到把握文体特征,再到写作实践,最后,熟练地掌握这种文体的写作,需要一个过程。您说的这个

"写作过程",与不同文体的写作训练是怎样有机地结合起来的呢?

王:美国教师认为,写作一篇文章的过程,实际上是作者围绕主题展开思考,并把自己的思考结果,或者是对自然、社会、生活的观察与体会,运用规范的语言、有逻辑地表达出来的过程。写作过程体现的是一种思维进程,把这个进程划分为几个阶段或步骤,化难为易,在写作与修改的过程中不断完善内容和结构。所以,写作过程的推进,适合所有文体的写作指导。

关于写作过程与具体的写作指导是怎样结合的问题,我在《美国小学议论文写作的训练重点》《美国小学记叙文写作的训练重点》,以及《美国初中语文的"写作研讨"》这几篇文章里做过详细介绍,可以参考。

裴:好的。您说了,写作过程包括六个步骤,每个步骤都做些什么呢?能简单介绍一下吗?

王:可以。这个过程的第一步是构思,教师带领学生根据写作要求,规划写作蓝图,或者进行头脑风暴,确定要写的话题或主题,再根据话题或主题的需要,选择要写的材料。第二步,厘清思路,搭好框架。解决结构问题之后,再给这个框架填充材料和思想,即写作初稿。第三步,写完初稿之后,进入修改环节,可以是同桌或小组一起完成。作者读自己的文章,同伴聆听,指出问题,帮助修改。修改主要针对文章的主题、结构和句式进行,主题要突出,结构要完整,句与句、段与段之间要连贯和流畅。在这个环节中,教师会系统地讲解语法知识、语言规范知识。第四步,进行编辑,看看段首有没有运用大字母,有没有缩进,标点符号用得对不对,书写是否工整,等等。这一切完成之后,再誊写清楚,上交(发表)。至此,一篇文章才算完成。每个步骤的教学都要求学生亲自去实践并完成,而不是教师单纯地进行知识讲解与概括。在写作指导上,他们普遍有一种观念:教学不是脱口秀,而是示范。

裴:按照"过程"训练来指导写作,从构思写作到修改、编辑完毕,才算完成了一次写作训练,的确需要慢功夫。相比于我们的作文教学,您觉得中美两国在这一点上有哪些不同呢?

王:美国语文教科书和课堂教学实践都把写作教学称为"写作工作

坊"或"写作研讨"（writing workshop），他们是以专题研究的形式推进写作教学。至于内容要写得充实，语言表述要生动有趣，结构要连贯有序，思维要有逻辑性，语言句式要符合语法规范，等等，这些内容统统装在一个篮子里，在写作训练过程中不断被强调、突出，一步一步地完善。相比之下，我们的作文教学显得"速成"与"高效"了，从指导到写作，往往只需要一两堂课，很快就完成一篇文章的写作任务。我们的学生是在完成"写一篇文章"的任务。相比较而言，我们的学生写成的文章只是一个"半成品"，在结构和语言上都欠打磨的工夫。对很多学生来说，教师的评语形同虚设，他们往往不读，或者读不懂。所以，教师课下费了很多时间批改，却收效甚微。

裴：从您上面的介绍可以看出，美国的中小学写作教学对学生写作意识的培养，对写作过程的重视，以及对语言规范的训练，积累了丰富的理论与实践经验，值得我们学习、借鉴。

美国中小学写作教学是怎样进行评价的

裴：下面我们再来谈谈第四个问题，美国中小学写作教学是怎样进行评价的？王老师，请您继续为我们做介绍。

王：可以。美国教育对教学质量的监控，是通过评价的方式、运用数据说话来实现的。对写作能力的测评也是这样。前面讲过，美国各州都建立了写作评价项目，通过评价制度来控制写作教学质量，要求每个学生必须达到年级规定的及格成绩，才算达标，否则，必须接受补习，再参加考试，直到成绩通过为止。

裴：美国中小学写作课程的考试具体有哪些项目呢？他们怎样监控学生的写作水平？

王：我们知道，美国教育实行各州自治。除了平常的学校或学区的写作测试以外，写作评价分为州级评价和国家评价两种形式。这两种评价的目的不完全相同，州写作评价的目的是让每个孩子达到年级规定的能力层级，是为升级过关进行的考试；国家进步评估的目的是通过数据揭示州、地区教育的不足。这两种评价都不是每个年级每个学年都要参加测评，例如，加利福尼亚州的写作测试规定4、7、11年级的学生必须参加写作考试，必须达标，如果成绩不达标，就必须参加补习班，我们看到的一些"迷你课堂"大多是为辅导写作水平欠缺者研制出的小课型。国家教育进步评估基本上每四年一次，对4、8、12年级学生的写作进行测试，掌握相关数据。每次测试完毕，都要公布一份研究报告，报告参与测试者的写作成绩，透视写作教学的质量水平，以便更好地掌控并指引写作教与学的行为。

裴：看来，美国的这类评价项目是专门为写作"定制"的测试，它与我国的作文考试有什么不同吗？

王：美国的写作评价基本上都是独立施测，是专门定制的，让学生在规定的时间内完成指定的写作任务。即使SAT这样在全球范围内举行的大学入学测试，也是如此。表面上看，写作与阅读是同一份试卷，但是，写作测试是有单独的规定时间，例如，从2016年5月开始SAT考试规定写作时间是50分钟。独立施测的好处是，考生能够集中注意力到要写的话题或主题上，认真分析思考，并且能够有充足的时间来完成写作任务，这样就比较容易测定他们的真实写作水平。相比之下，我们的作文考试基本都是附着在语文考试中，并且置于试卷末尾，没有提供考生专门的写作时间。学生基本上都是在完成前面所有的试题之后，利用剩下的时间才来写作，很多考生完不成写作任务。为此，作文成绩并不能真正代表学生的实际写作水平。

裴：您认为作文与阅读试题同卷有什么弊端呢？

王：弊端是无法独立、科学、准确地测定学生的写作能力。原因在于，第一，不能确保学生有充足的写作时间；第二，不能确保写作时间，就无法让学生进行充分的思考，也就不能相对准确地测出学生的写作水平。当然，我们的作文教学无序化，没有固定的写作序列，而是围绕高考、中考的应试模式生搬硬套，也没有具体明确的写作要求。网上有人传言我们的作文教学"全线崩溃"，某种意义上说，这不是危言耸听。

裴：好的。王老师，刚才我们就美国中小学写作教学谈到了四个方面的问题，您对美国中小学写作教学做了一次较为全面的阐释，为我们提供了很多有价值的信息。美国教育对写作教学的重视，强调文体特征，培养写作意识，训练写作过程，讲究语言表达的规范与合乎逻辑等，这些关键词所包含的意义，以及对它的监控和落实，给了我们很多启示。美国经验告诉我们，学生写作水平的提高，仅靠兴趣和热爱是不够的，还需要理性、知性、有逻辑性地建立课程教学体系。只有这样，才能确保写作教学走上科学的道路。看来，我国中小学写作课程教学体系的建立任重而道远。谢谢王老师！

王：不客气。我们共同努力。

访谈嘉宾

王爱娣，南京大学文学硕士，中学高级教师。从教32年，拥有基础阶段12个年级的教育教学以及对外汉语教学经历。2004年赴美国加州学习考察，由此开始了中外母语教育比较研究的历程，潜心研究，笔耕不辍。科研成果曾获深圳市一等奖、第五届中国教育学会二等奖。曾被聘为深圳大学师范学院教育硕士课程主讲教师、广东省及深圳市高中骨干教师培训班主讲教师、深圳市首批教师继续教育授课专家、人教版中学语文实验教材培训专家、统编本中学语文教科书培训专家、华南师范大学语文教育硕士研究生校外指导教师。《语文教学通讯》（高中刊）特约编辑及封面人物，发表论文100余篇，出版专著4部，其中《美国语文教育》入选《中国教育报》"2009年影响教师的100本图书"（专业成长类）。

丁炜 谈谈写作学本

裴：学习资源在学校语文教育中起着非常重要的作用。它不仅是学生语文学习的主要凭借，也是学生获得系统语文知识、发展语文素养的重要工具。丁教授，您近几年致力于语文学习资源的开发研究，特别在写作学本的编制上积累了丰富的经验，也有很多的研究心得，今天想和您聊聊与写作学本相关的几个话题。

丁：好的。

写作学本的内涵与特征

裴："写作学本"这个词，学界使用不多。在您看来，写作学本是一种怎样的语文学习资源？

丁：要了解写作学本到底是一种怎样的资源，我们先来聊聊"本"。"本"是个指事字。周代的时候，"本"的意思是树根，在一棵树的下边画上三个倒三角形，记作"ᴪ"。后来，三个三角形简化成"一横"，其他部分的笔画字形也发生了变化，慢慢地演变成了今天的"本"字。"本"的意思也多了起来，不仅仅指树根，也指事物发展的源头、基础，或者指作为印刷品的书册。理解了"本"的意思，"学本"的意思就明了了。"学本"是作为学生学习资源的书册，它的使用主体是学生，它的功能是为学生的学习提供服务。"写作学本"是运用于写作学习领域，供学生使用，为学生学习写作提供支持的书册。它是一类非常重要的语文学习资源。

裴：按照学习资源的功能，我们可以把语文学习资源分为条件性资源、素材性资源。写作学本属于素材性资源，对吗？

丁：是的，写作学本属于素材性资源。除了写作学本，写作学习还有许多其他的素材性资源，所以写作学习素材性资源的外延很大，从广义上说，它包括一切有助于学生学习写作和促进学生写作素养发展的素材，常见的有语文教科书、语文练习册或者专门的写作练习册、小学生作文集等等。

裴：您刚才说写作学习的资源很多，写作学本和其他的写作学习资源有什么不同呢？

丁：写作学本与其他写作学习资源是有区别的。有学者曾质疑说，我们把学生学习的地方叫作学校、学堂，把学生学习的资源和经历叫作学籍、学历，把学生学习达到的程度和层次称为学问、学识、学养、学位，把学生学习的时间称为学年、学期、学时，把学生学习的方式称为学法，但是学生学习用的书册却叫教科书、教本、课本，不叫学本，为什么不能把"教科书"改为"学本"？其实"教科书"与"学本"的差别不仅仅是名称用语上的差别。

裴：在您看来，"教科书"与"学本"真正的差别是什么？

丁：当前的学校教育中没有独立的、专门的写作教科书，只有包含了写作学习内容的语文教科书，或叫语文课本。那么写作学本与包含写作学习内容的语文教科书的本质差异是什么呢？两者的本质差异在于编写资源的基点不同。写作学本以"学生的学"为基点，重点关注"学生学习的可接受性""学生学习的有效性"；包含写作学习内容的语文教科书以"教师的教"为基点，重点关注"教师教学的可操作性"。

裴：如何理解"学生学习的可接受性"？

丁："学生学习的可接受性"，换一个角度讲，就是从心理学的视角考虑学习资源的科学性，指学生学习的内容、方式、量和进程要符合学生身心发展的特点，让学生可以接受。比如，学生学习写作是一个动态的过程，先要有写的欲望，然后收集写作素材，构思写作内容和结构，再写初稿，修改初稿，最后与他人分享自己的作品。写作学本就应根据这一学习过程，设计一连串与之相对应的学习活动，让学生沉浸在活动中，获得写作知识，发展写作能力，培养写作的意识、兴趣和良好的写作习惯。

裴："学生学习的可接受性"是从心理学的视角出发，设定写作学本的编写基点，那么我们又该如何理解另一个编写的基点"学生学习的有效性"？

丁："学生学习的有效性"这一编写基点，出于教育学的视角。所谓学习的有效性，简单地说，就是有效率、有效益。有效率指用时用力不多，真正的学习发生了；有效益指通过学习，学生的知识增加了，能力提升了，积极的情感与态度形成了。怎么引导学生运用写作学本开展有效率、有效益的学习呢？具体来说，就是要考虑学生写作学习的"五个特征"，也可以说"五个性"，即参与性、针对性、发展性、差异性、反思性。参与性与学生学习写作的动机有关；针对性与学习写作时可能遇到的困难以及困难的解决有关；发展性指如何学以致用，真正达成写作学习目标；差异性指如何考虑学习差异，让有差异的学生通过有差异的学习得到有差异的发展；反思性指如何让学生有机会去反思、评价自己的写作过程与写作表现，总结归纳自己的写作策略，逐渐成为一个自主的写作者。为了关照写作学习的参与性、针对性、发展性、差异性、反思性，在编写写作学本时就要有意识地设计一些活动。比如，要有写作评价活动，要学生反思写作学习的整个过程，看看自己是否达成了学习目标，是不是掌握了一些有用的写作策略。

裴："以学为基点"，应当考虑学习的可接受性，学习的有效性。"以教为基点"与前者有何不同？

丁："以教为基点"是语文教科书设计与编写的重要原则。汉语词典是这样定义"教科书"的：按照教学大纲编写的为学生上课和复习用的书。谁为学生上课？是教师。所以教科书不仅是为学生编的书，更是为教师上课编的书。张志公先生说，"对教师来讲是否可操作"是教材编写的第一个条件。曾天山先生说，"教学性"是教材的本质属性，"可教性"是教材"教学性"的重要体现。张志公先生讲的"是否可操作"，曾天山先生讲的"可教性"，大致就是指"教师教学的可操作性"。"教师教学的可操作性"，实际上是从管理学的角度,强调教科书的设计与编写要有利于教师的使用,教师用起来要顺手、要好用。具体地讲,主要指教科书中的教学内容和教学要求要明确,让教师一看就明白,教师心中无惑,实施起来就顺当。在当前的语文教科书中,写作学习一般有单独的栏目。这个栏目是语文单元的一部分,用一段话或几段话提出写作学习的内容与要求,有的教科书还附有例文。比如:"我们向同学介绍自己去过的地方,现在就来写一写。要写这个地方怎么吸引人,使别人读了,也对这个地方感兴趣。写同一地方的同学,可以交流交流,互相取长补短。如果不想写去过的地方,写想去的地方也可以。"教科书里的这段话对学生提出了写作的任务与要求,也告诉老师,教学内容是描写去过或想去的一个地方,写作要求是写那个地方如何吸引人。至于学生想不想写,学生怎么收集材料,怎么构思,写的时候会遇到什么困难,怎么帮助学生克服这些困难,学生写好后,除了"吸引人"这一方面,还可以怎么评价自己和同伴的作文,等等,教科书并未加以考虑,因此不能很好地满足学生写作学习的需要。

裴:丁教授,刚才我们围绕第一个话题"写作学本的内涵和特征"做了比较深入的讨论。写作学本是重要的写作学习资源,它的主要特征是,以"学生的学"为基点,关注"学生学习的可接受性""学生学习的有效性"。那么,今天我们谈"写作学本"的意义在哪里呢?这是我们十分关心的第二个话题。

写作学本编写的意义

丁:"学本"这个概念的提出,对于更新语文教学理念,引导学生更好地学习有着十分重要的价值。正如韩雪屏等先生在《语文课程教学资源》一书中所说的那样,"学本"应当是"帮助学生自主学习之本""引导学生学会学习之本""促进学生创造性学习之本"。今天我们讨论与研究写作学本,非常希望唤醒大家关注传统的写作学习资源,继承与发扬一些好的做法,批判其不足,并在此基础上促进写作学习资源的创新与发展。

裴:传统的写作学习资源到底有哪些?请您具体谈谈。

丁：古人很早就开始研究与编撰帮助儿童学习写作的资源。宋元之后，与儿童写作有关的基础训练是"对对子"，指导学生对对子的学习资源就应运而生，流传较广的有《对属指蒙》《对属发蒙》《对类》《对语四种》《对类引端》等。到了清末，除了国文教科书可以作为写作学习的资源外，还有一些专门的写作教科书，帮助学生学习写作。这些资源的开发与清政府1903年颁发《奏定学堂章程》有很大的关系。《奏定学堂章程》规定初等小学堂应当开设"中国文字"科，并列出了"中国文字"科分年级程度表。从这个程度表的具体内容来看，主要是写作教学方面的要求，如：第一年要求讲动、静、虚、实字之区别，兼授以虚字与实字联缀之法；第二年要求积字成句之法，并随举寻常实事一件，令以俗话二三句，连贯一气，写于纸上；第三、第四年要求讲积句成章之法，或随指日用一事，或假设一事，令以俗话七八句连成一气，写于纸上；第五年要求教以俗话作日用书信。

裴：《奏定学堂章程》颁发后，学堂里可用的写作学习资源有哪些呢？

丁：《奏定学堂章程》颁发后，学堂急需写作学习资源，一些民营出版机构抓住商机，纷纷编写和出版专门的写作学习资源。这些学习资源从内容来看，大致分为以下五类：第一类，作文教科书，如商务印书馆1908年出版的《初等小学最新作文教科书》，以练习的形式，让学生区分形似之字，连字成句，联句成篇。第二类，文法教科书。如上海文明书局1903年出版的初等小学堂学生用书《蒙学文法教科书》，文白对照，介绍了名字、代字、动字、静字等各类字的联缀之法。又如1904年由上海新学会社出版的《寻常小学速通文法教科书》，用白话文介绍名字、代字、动字、状字等各类字的种类与用法。第三类，造句教科书。如彪蒙书室1905年出版的《绘图蒙学造句实在易》，经京师大学堂官学大臣鉴定后发行，介绍拼法、嵌法、炼法、解法等造句十六法。第四类，论说教科书。如彪蒙书室1905年出版的《绘图蒙学论说实在易》，对"点题法、起法、承法、转法"等14种论说文写作手法进行了详细讲解。第五类，尺牍教科书。如彪蒙书室1906年出版的《蒙学尺牍教科书》、上海会文学社1907年出版的《最新应用女子尺牍教科书》，介绍了家信与其他应用书信的写法。

裴：这么说，清末写作学习资源的种类要比现在丰富得多，它们在编写上有什么特点？

丁：清末的写作学习资源不仅种类多，在编写上也各有特点。按照内容和体例大致可以把它们归为四种。第一种，题本。这类资源内编排了各种与写作有关的练习题，如《初等小学最新作文教科书》，以练习成书，主要练习有字的辨识、联字成句、补字成句、就图成文等。第二种，例本。此种资源的主体是例文，例文的前面、后面或者上面有注释、评点，解释例文中难字的意思或例文的书写格式，评点写作方法，或用符号（圆圈、黑点等）标示重要的语句或段落的划分。如，《最新应用女子尺牍教科书》上编，将60多篇书信例文，按照写信人与收信人的远近亲疏关系加以排列。第一篇是《妹学尺牍致兄函》。书中先呈示《妹学尺牍致兄函》这封书信，信的最后有"解说"这一栏目，栏目下设"格式""训典"等，对信中的称谓、书写格式以及一些字词的意义做了介绍。第三种，法本。此种资源按照写作方法编排，每一方法之下，先用一句、几句、一段话或者一问一答的方式总体介绍方法，然后举出运用方法写作的例文，最后结合例文，具体注释、评点方法的运用。如，《绘图蒙学论说实在易》，以14种论说文写作方法为线索编排。书中谈到的第一种方法为"点题法"。教科书先用一篇小短文介绍"点题法"，说"点题有检点之意"，如各种物品的检点一样，有多种点题的方法。接着出示例文《联群之道在于立会农联农学会工联工学会商联商学会论》，在文中解释"什么是联，什么群，什么是联群"，在文后指出"此为正点法也。将题目字正面说来，谓之正点，而要言不烦，实为救今第一要义"。第四种，读本。读本一般指国文教科书。它和今天的语文教科书相似，教科书的主体是选文，教师可以利用选文开展阅读教学活动，并结合选文随文布置写作练习。

裴：丁教授，从您刚才的介绍来看，清末的写作学习资源十分重视例文的选编、写作知识与方法的学习，以及写作的实践。当代的语文教科书不仅在编写的体例上借鉴了清末写作教科书的一些做法，如布置写作练习、提供写作的例文等，编写的思想好像也与清末的写作教科书一脉相承。

丁：您说得很对。从总体上说，当代语文教科书继承了传统写作学习资源的一些好的做法,这是十分值得肯定的,但是它抛弃了编写独立的、专门的、成体系的写作学习资源的传统,也没有对传统写作学习资源中存在的问题做出深度分析,并以此促进当代写作学习资源的改造与更新。

裴:传统的写作学习资源与当代的写作学习资源共同存在的问题是什么?

丁:"简化学生的写作学习活动,将写作学习等同于学生写出的作文"是传统的写作学习资源与当代的写作学习资源共同存在的问题。用当代的眼光来看,清末写作学习资源的编写,隐含着一个明确的假设,即"写作学习就等于研究作文"。学习写作就是要完成一篇作文,只要拿出例文,对写作方法研究、解释、评点一番,就能有效地提升学生的写作能力。事实上,最终完成一篇作文是写作学习活动的一个环节,在完成作文之前,学生还要经历写作欲望的激发,对写作对象、主题与功能的认识,收集素材,构思等各个环节。将"学生的写作活动"等同于"完成的作文",将"学生的写作学习"等同于"研究作文",信奉的是结果取向,不是过程取向。以写作学习的结果取向作为编写的指导性理念,就会简化学生的写作活动,就不能结合学生的写作进程给予有针对性的指导。这是传统写作学习资源的问题,当代包含写作学习内容的语文教科书在这一点上也没有新的突破。讨论"写作学本",认真剖析传统与当代写作学习资源的优势与问题,对处理好继承发扬与解决问题的关系,编写科学的、适合学生学习需要的写作学习资源,具有十分重要的价值。

裴:丁教授,刚才的讨论澄清了第二个话题"写作学本编写的意义"。接下来,想请您谈谈第三个话题"写作学本编写的策略"。

写作学本编写的策略

丁:前面我们说了,写作学本作为重要的写作学习资源,服务于学生的写作学习活动。要尽可能地满足学生写作学习的需要,在编写写作学本时必须系统考虑三个方面的问题:第一个问题与写作学习的内容有关,即学生应学什么;第二个问题与写作学习的动机有关,即如何让学生愿学、易学；第三个问题与写作学习的目标达成有关，即如何促学。

裴：您说的第一个问题是"学生应学什么"，换个说法，就是"写作学习内容应当有哪些"。写作学习内容的梳理和确定，是当前学界研究的难点，丁教授，请您具体谈谈，您对这个问题怎么看。

丁：梳理和确定写作学习内容的确是个难题。如何根据课程标准、社会对学生发展的要求，以及儿童身心发展的需要，确定学生应当学习的内容？如何在写作学本中组织与呈现这些应学的内容，以保证学习内容内在的逻辑性以及可接受性？要解决上述问题，必须关注三个要点：第一个要点，聚焦"书面表达知识"，选定写作学习内容。按照美国心理学家加涅的知识阶层论，书面表达知识有三层。第一层是现象知识，这层知识由各类常见的书面表达现象构成，如报纸、杂志与图书等常见媒介中的各类语篇。第二层是概念知识，这层知识是对各种书面表达现象进行抽象概括，并用术语命名它们。第三层是规则知识，这类知识运用各类概念和命题解释应当如何表达。换一种知识分类标准来说，第一层是程序性知识的物化状态。各类语言表达现象并不是凭空产生的，而是不同的交际对象根据交际任务与环境的需要所做出的思想与情感上的表达，这种书面语言表达借助纸张与其他媒介得以物化。第二层是陈述性知识，对各种语言表达现象进行命名，说清楚"是什么"。第三层是策略性知识，对如何表达更恰当，如何表达比较好等做出解释，策略性知识如果得到内化，将成为学生自主写作的策略，调节学生的写作行为。

裴：对小学生而言，哪些书面表达知识是必不可少的，必须编入学本？

丁：对小学生而言，书面表达知识的一个核心是基本的语言表达方式，即运用书面语言表达思想情感的方法和形式。它包括两个部分：一个是书面表达的方法，如记叙、说明、议论等；另一个是运用表达方法表达后，物化为语言的书面表达形式，或者是蕴含某种表达方法的书面表达形式，如常见的单句、复句、句群，以及简单的记叙文、说明文与实用文体。基本的语言表达方式与写作语境的结合，能构成书面表达的现象知识。对基本语言表达方式的命名和解读构成了书面表达的概念知识，如什么是记叙文。对如何运用基本语言表达方式进行恰当表达，构成了书面表达的规则知识，如"如何运用关联词写好并列复句"等。如果大家想对"基本的语言表达方式"有进一步的了解，可以阅读我主编的《小学生写作学本的编写理论与实践》一书，书中有比较详细的说明。

裴：您刚刚说，书面表达知识的一个核心是基本的语言表达方式，是不是还有另一个核心？

丁：是的。书面表达知识的另一个核心是与写作学习过程有关的策略性知识，如审题和确定文章中心的策略性知识、选材的策略性知识、组材的策略性知识、遣词造句的策略性知识、修改的策略性知识、评价的策略性知识与分享的策略性知识等。

裴：编写写作学本时，解决"学生应学什么"的第一个要点是，聚焦书面表达知识，锁定基本的语言表达方式和写作策略知识，选定写作学习内容。第二个要点与什么相关？

丁：第二个要点与内容的编排相关。我们应兼顾两种价值取向，做好学习内容编排。"基本的语言表达方式""与写作学习过程有关的策略性知识"都是主要的写作学习内容。前者关注书面表达方法与书面表达形式的掌握，体现了结果取向；后者关注写作学习过程的体验与把握，体现了过程取向。如果以语境中的"基本的语言表达方式"为主线，编排写作学本的整体框架结构，再以"与写作学习过程有关的策略性知识"为辅线，编排每次写作学习活动的结构，就可以很好地兼顾写作学习的结果取向和过程取向。

裴：第三个要点又与什么相关呢？

丁：编写写作学本时，解决"学生应学什么"的第三个要点是：考虑三个维度，灵活呈现学习内容。第一个维度，考虑学习内容呈现的抽象程度。脱离情境的学习内容是一般性的，抽象程度高；置身于情境的学习内容比较具体，抽象程度低。比如，关于篇的结构，脱离情境的结构就是"开头、主体、结尾"。如果结合《田忌赛马》的故事学习篇的结构，其结构就是"事情的起因、事情的发展、事情的结果"。抽象程度高的学习内容有助于知识的概括与迁移；抽象程度低的学习内容有助于知识的理解。第二个维度，考虑学习内容呈现的明确程度。用知识短文或学习贴示介绍或说明的学习内容往往是明确的、显性的。一个关于观察的小贴示，就可以非常明确地介绍植物观察的知识，如，"可以观察植物的根、茎、叶、花，也可以观察它们的样子和颜色"。隐藏于例文、阅读材料、练习之中的策略性知识往往是隐性的。显性的学习内容有利于记忆，隐性的学习内容可以锻炼学生发现、归纳和概括知识的能力。第三个维度，考虑学习内容的呈现载体。以文字呈现的内容适合语言型学习者，以图、表呈现的内容可以直观地显示学习内容之间的逻辑关系，适合于视觉型学习者。

裴：丁教授，您刚才的话，我总结一下，就是说写作学本可以立体地呈现写作学习内容，可以抽象，也可以具体，可以显性，也可以隐性，可以运用文字的方式，也可以运图表等其他方式。这样，学生就能较好地记忆、理解与运用所学内容。那么，怎么让学生愿学，怎么让学习更易发生？

丁：理清学生应当学习什么，写作学本应当编写哪些学习内容之后，接下来要考虑的问题，就是怎么让学生愿意学习这些内容，容易地、顺利地学习这些内容，让写作学本中原来外在于学生的书面表达知识，内化成为学生的知识结构与实践能力。美国语言教育家古德曼曾撰文揭示了学生易于接受的语言学习的特征，包括：真实的、自然的、完整的、有意义的、有趣的、与学生相关的、属于学生个人经验的、具有社会功能的、有目标的、可以理解的、学生自愿学习的。根据古德曼的观点，我们认为，要让学生愿学，首先，应当重视设计真实的写作任务。真实的写作任务指与学生的生活世界相关的，由真实交际引发的，有着真实交际目的和真实交际对象的任务。设计真实的写作任务，能激发学生的写作欲望。因为这样的写作学习与生活世界有着千丝万缕的关系，生活为写作提供了内容与情感态度方面的滋养，学生有话可写，写起来自然不会太难。其次，要给予学生掌控学习的机会。心理学研究表明，学习是否鼓励选择、开放、探究、创造都会影响学生对学习的控制感，进而影响学习的动机与态度。当写作学习任务可以选择，写作学习活动开放、有着多元答案，鼓励学生发表独特、不一样的观点时，学生有了掌握学习的机会，他们就会积极地参与学习，主动投身写作实践，关注写作学习的探究性。

裴：让学生在完成真实写作任务的过程中学习写作，给予学生掌握学习的机会，的确能激发学生学习的动机。我们在编写写作学本时，还要注意哪些方面，让学习更易发生？

丁：要让学习易于发生，必须建构写作学习的支持系统。写作学习任务太容易，不能引发学生的认知冲突，就不能激发学生学习的欲望；写作学习任务太难，学生因害怕自己不能胜任，会减少或放弃学习投入。只有当写作学习任务难度适中，位于写作学习的最近发展区内，并且可以获得丰富的学习支持时，学生才愿意写作。写作学本可以根据写作学习的过程，搭建多种类型的写作学习支架，形成写作学习支持系统，如：提供概念支架，帮助学生认识将要学习的语言表达方式；提供资源支架，拓展学生写作思路；提供程序支架，引导学生遵循认知过程完成写作任务；提供策略支架，指导学生有意识地运用策略写好作文；提供反思支架，促使学生回顾写作学习的过程，归纳总结写作学习的经验法则。除了提供写作学习的支架，我们还可以以审美愉悦驱动写作学习。写作学本既是帮助学生开展写作学习的资源与工具，又是一本学生读物。学生阅读写作学本的过程，既是一个认知的过程，也是一个审美的过程。经由审美产生的愉悦情绪，会激发写作学习的动机，并促进语言的生成，这就是《文心雕龙》所说的"情动而辞发"。因此，编写写作学本时，应关注一切与美有关的要素，如学本语言的活泼积极、图表的生动、版式的优美等等。

裴：编写写作学本，最重要的目的是促进学生的写作学习，写作学本怎么编才能更好地促学呢？

丁：要更好地促学，写作学本在编写时一定要重视写作学习情境的整合性。整合性的第一个意思指写作学习情境的包容性。建构主义认知弹性理论认为，让学生学习镶嵌在不同情境中的知识，以不同的方式多次重建知识，有利于知识的真正习得和应用。美国霍顿·米夫林出版公司出版的写作学习资源Writing Source十分关注多情境中的写作学习，如3年级学习写读后感，有四种情境下的写作学习任务，包括读小说写读后感、读纪实作品写读后感、读诗歌写读后感、为考试写读后感。写作学习情境整合性的第二个意思指学习情境的复杂性。整合教学法强调学习情境的复杂性，其倡导者——比利时的罗日叶认为，复杂情境是整合教学法的关键。与写作学习有关的复杂情境，一般是包含多个要素的、真实的生活情境。要完成复杂情境中的写作学习任务，学生必须调动自己原有的生活经验、学校学习所得、写作知识与态度等一整套资源。如要让学生完成一张介绍种豆过程的海报，就是复杂情境中的写作学习任务。学生需要运用对豆子的认识、对豆子生长阶段的认识、对记事作文的认识、对海报特征的认识、对海报阅读对象的认识、对展示海报地点的认识等一整套资源，才能很好地完成这一学习任务。在完成这一学习任务的过程中，学生的写作素养，运用写作知识解决真实写作任务的能力就会得到提升。

裴：除了写作学习情境的整合，在设计写作学习活动时是不是也要有所考虑？

丁：是的。根据写作学习活动所起的作用，我们大致可以将写作学习活动分为功能性写作学习活动、结构性写作学习活动与反思性写作学习活动。功能性写作学习活动，是指向写作实践的活动；结构性写作学习活动，是指向写作知识建构的活动；反思性写作学习活动，是指向元认知的活动。在写作学本的编写中，要设计上述三类写作学习活动，并注意这三类活动平衡。对低年级的写作学本而言，功能性写作学习活动可以多一点，结构性写作学习活动、反思性学习活动可以少一些。中高级的写作学本，可以适当增加后两类写作学习活动的比例。

裴：丁教授，您围绕着"写作学本的内涵与特征""写作学本编写的意义""写作学本编写的策略"三个话题，和我们分享了您的一些思考，我们很受启发。相信您的这些观点会引发更多的同行关注写作学习资源的编写，并促进写作学习资源编写质量的提升，使我们的学生可以借助更加科学、更能满足他们学习需要的资源开展有效学习。谢谢您的分享。

访谈嘉宾

丁炜,现任上海师范大学教育学院副院长,副教授,教育学博士,中国教育学会小学语文教学专业委员会理事与学术委员会委员,美国韦伯州立大学访问学者。长期从事小学语文课程与教学研究、中外母语课程与教学比较研究,主持"全语言教育研究""小学语文表达课本编制研究"等课题,出版专著《全语言教育》《全语言研究》《袁瑢语文教学艺术研究》等,主编《小学生写作学本的编写理论与实践》《小学教育科研方法》及"小学生写作学本"丛书等。

第二辑

写作教学艺术

吴勇 让"教"看得见,让"写"摸得着

裴:吴老师好,您的"童化作文"历经十几年的研究,已经产生了广泛的影响。广大一线教师非常想了解您的研究之路,您能够简单介绍一下吗?

吴:2004年9月,我举家来到海门。这年暑期,我在南通参加了江苏省小学语文骨干教师培训班,年过花甲的儿童教育家李吉林老师登台演讲,一个个有关儿童的故事,还有她对儿童的炽热情怀,深深地感染了在场的每一位学员。而学者李庆明关于儿童教育哲学的讲座,则从理性层面给听课者带来了强烈的思想冲击,将我带到了一个前所未有的崭新的教育境界。正是这个特别的暑假,让我对语文教学特别是作文教学,有了更加深刻的思索。此时一个美丽的梦想在我的脑海中悄然蕴生——"童化作文"。当我将"童化作文"这个想法与特级教师周益民商讨时,周老师给了不少积极的建议;我又就"童化作文"这个命题向著名特级教师、"儿童作文"的倡导者周一贯先生请教,周先生热情地给"童化作文"提出了研究脉络;著名特级教师钱正权先生还对"童化作文"的概念界定进行了深入推敲。名家的认同和真诚关注,使我对"用儿童的精神去阐释作文,用儿童的文化去观照作文教学,用儿童的生态去构建作文课程"的"童化作文"研究有了充足的信心。"童化作文"研究从自己的班级开始,先从具体的课例开发入手,再到一个个具体的研究项目:习作主题单元开发、儿童博客写作、小学整本书写作探索、故事性课程构建、功能性写作实践、习作共同体创建……"童化作文"研究渐行渐远,逐渐在小语界引起广泛关注。

裴：原来"童化作文"是这样萌生的。吴老师，到目前为止，您对"童化作文"是否有一个清晰的界定呢？

吴："童化作文"的"童"直指儿童，直面童年，将教学构筑在儿童精神哲学和鲜活的生活状态之中，让每个孩子的童性从写作中得到关注和呵护，这就是"童化作文"高擎的人文性大旗；它的"化"就是不放弃教学指导，让习作教学充满技术含量，努力以最精准的习作知识、最自然最柔软的知识教学方式推动儿童言语素养的提升，这就是"童化作文"苦苦追求的实际功效。

"童化作文"的教学主张

裴："童化作文"在这十几年的发展历程中，已经形成一些鲜明的教学主张，您能将这些主张具体地说一说吗？

吴："童化作文"将"童年"作为一种特定的教学文化，将"儿童"自身作为一份丰厚的写作资源，将"儿童交往"作为一种取之不竭的写作动力，将孕育"文心"作为习作教学的理想旨归。十几年来，"童化作文"与新课程背景下语文教学改革共同成长，努力探寻适合儿童言语和精神发展的教学通道，逐步形成自身的教学主张和运行方式，逐步成为一种独特的教学话语。

一是"文化观"，契合"儿童哲学"的意义前提。童年是一个人独特的生命阶段，在这个阶段，儿童具有独特的行为活动和认知方式。"童化作文"教学认为：习作教学要走进儿童世界，就得营造契合儿童精神的教学方式和生活。比如"童话生活"。童话是儿童世界的言语密码，童话是儿童理解世界的一种路径和方法。"童化作文"将"童话"哲学构筑在习作教学之中，就是走在儿童圆梦的路上，除了主动去回应梦想，还应该积极去帮助儿童实现梦想，这不仅是为了丰富童年的体验，更是为了引领儿童用言语"创造天堂"。再如"游戏生活"。游戏是儿童最适宜的存在方式，也是儿童最本真的精神源泉。"童化作文"一直坚守着这样的理念：一堂好的习作课应当与儿童的"游戏"一起发生，一堂好的习作课就是一场让儿童精神恣意的"游戏"。还有"活动生活"。因为儿童自觉的理性意识不发达或不成熟，相应地，感觉投入、动作参与、身体的直接体验是他们联结自我与外部世界的基本方式。走向儿童的习作教学，就是营造适合儿童的"活动本性"的教学生活，通过具体的"活动"让儿童的感官回归到生活状态，通过活动丰盈儿童的习作体验，通过活动为习作教学搭建起一个动感开阔的平台。"活动生活"解放了儿童的肢体，"游戏生活"解放了儿童的精神，"童话生活"则给儿童营造了一个鲜活的表达情境，这三种生活互融互渗，构成了"童化作文"教学丰盈而温润的文化"母体"。

　　二是"故事观"，展现"童年历史"的内容取向。儿童就是天生有故事的人，他们就是故事的发生者、创造者。教师要有"故事意识"，为每一个童年故事拂去"原罪"，除去道德的审视，为每个儿童提供安全自在的讲述情境。只要教师"在意"，课堂、操场、走廊、食堂、厕所、宿舍，都是孕育故事的最佳所在；只要教师"有意"，听到的、看到的、闻到的、摸到的都是故事；只要教师"故意"，时时都有习作课，处处可上习作课。"童化作文"教学针对每个儿童的"故事属性"，提出了"我就是故事""我的一切都在故事中""我的故事只是故事""把我的故事进行到底"等鲜明的儿童故事性写作教学主张，让每个儿童自身成为一座五彩斑斓的写作资源库。同时构建出"童年的风景""童年的秘密""童年的传奇""童年的游戏""童年的梦想""童年的主张"等六大故事写作单元。"童化作文"认为：每个家庭、每间教室都是一座"故事城堡"，每位儿童都是一个极具开采价值的"故事富矿"，我们的习作教学应当尊重儿童的故事属性，把握儿童的故事状态，打开儿童的故事资源库。

　　三是"融合观"，适合"童年生态"的教学策略。"童化作文"教学不是儿童与习作的简单叠加，而是在意义层面的相互融渗，相得益彰，其基本策略就是一个"化"字，化习作于儿童的阅读，化习作于儿童的想象，化习作于儿童的体验，化习作于儿童的时尚，化习作于儿童的实践。而这一切的实现依靠的是"主题性写作单元"。譬如在"我们班的卡通节"主题单元中，我就将写作潜藏在卡通文化的纽带中，使儿童在以卡通为主题的活动中"无痕"地达成写作目标。教学分四个活动板块展开：之一，"亲亲卡通"——介绍最喜欢的一个卡通人物;之二,"画画卡通"——举行卡通设计大赛,让每个孩子为自己的卡通人物起名字、写解说词;之三,"联联卡通"——将自己设计的卡通和一些熟悉的卡通人物放在一起,想想他们之间会发生怎样的故事;之四,"写写卡通"——以自己喜欢的卡通人物为主角,创作一个精彩有趣的故事。每一个系列其实就是一个完整的写作主题单元,不同的类型和文体的习作在一个主题的统整下,有机融合在系统之中,相互补充,相辅相成。

四是"知识观",铺垫"儿童言语"的成长基石。"童化作文"倡导以习作内容定位写作知识,根据表达需要渗透写作知识,利用例文鲜活呈现写作知识,通过对话理解应用写作知识,让习作教学成为儿童写作兴趣的"激发之教"、写作动力的"蓄积之教"、写作意识的"养成之教"。(1)确定"知识类型"。"童化作文"结合课标修订稿中"学段目标与内容"中的叙述,结合当下使用的习作教材,以"兴趣优先、按需择用、触类旁通"为原则,在小学阶段规划了十项写作知识——"观察"知识、"具体"知识、"条理"知识、"过渡"知识、"想象"知识、"抒情"知识、"分段"知识、"修改"知识、"标点"知识等,以弥补小学习作教学知识内容的空白。(2)搭建"知识阶梯"。"童化作文"倡导每一次习作教学"教有起点、教有重点、教有终点"。"童化作文"当下一个最核心的任务就是为各种文体类型的习作训练在各年级、各学期建立一个知识阶梯,让知识教学拾级而上,让每一类知识教学前后贯通。(3)创造"知识生命"。习作教学因为教写作知识和技能,因而充满"技术";但是怎样来教知识,这可是一门艺术。经过长期探索,"童化作文"知识教学体现着"体现文体""针对内容""鲜活呈现"的原则,并形成了"原型启发式""互文对比式""启发迁移式"等有效的知识教学方式,使所教的写作知识成为"带得走""搬得动"的生命体。

五是"功能观",实现"言语交往"的语用目标。儿童为何畏惧写作?究其原因在于缺乏具体的功能目标:写作前,没有明确的目的,儿童不知为何而"作",也没有明确的读者,儿童不知为谁而"作";写作时,没有言语情境,儿童不知选择怎样的语言形式;写作后,没有交流的机制,儿童无法体验到功能目标实现后的成就感。"童化作文"教学,就是引领儿童回归到"语用"原点——言语交往：（1）"基于交往"。将写作融贯在儿童的交往需要中，让儿童写作有所为——有真实的写作任务，有真实的写作对象，有真实的写作环境，有真实的成果。（2）"为了交往"。真正的写作从来就不是空穴来风，而是为了应时应事，沟通交往。习作教学就是在儿童心灵和周围世界之间建立一个言语的应答机制，让儿童习作应时而生，应事而为，变得自然贴切。（3）"在交往中"。"童化作文"认为，儿童习作完成后首先面对的是"读者"。①向读者"诵读"，让儿童对着同伴、对着父母像诵读课文一样展示自己的作品，诵读过程其实也是儿童对自己习作诊断和修改的过程；②及时"发表"，可以是刊登在儿童报刊上，但更多的是在班级、年级的板报上登出，在校园"BBS"上发布，在儿童的个人博客上粘贴；③互动"评点"，让班级的所有孩子动眼、动嘴、动脑、动笔，充分浏览、赏读、品评、修改，让每个儿童在生动的语用实践中获得言语和精神的成长。

六是"适宜观"，活化"习作教材"的建设举措。小学语文教材中习作内容是一份重要的习作课程资源，"童化教学"提出面向儿童的习作教学应当"用教材教"——从教材出发，以儿童的文化视角理解教材，以儿童的交往取向建设教材，以儿童的多彩生活丰盈教材，逐步构建以习作教材为支撑点的"童化作文"课程：一是"换位"。教材中看似容易写作的内容，一旦进入教学视野，往往会产生超乎寻常的困难。这时"童化作文"提倡：如果我是编者，我会怎么编这样的习作题材；如果我是儿童，我喜欢用什么样的方式来编写这样的内容。教学的"难题"就会变成教学的"话题"，教材就会延伸出更大的教学空间。二是"放大"。在教材中也有不少让儿童欲罢不能的习作内容，遇到这样的习作训练，"童化作文"常常放慢脚步，让适合儿童的优质的写作资源不断放大，不断生成，原本的单个的习作"训练点"被拓展成一条连贯的习作"训练链"，单篇的习作教材被建构为一个完整的写作单元。三是"统整"。习作教学中，经常会遭遇到一些不速之客——"按照写'新闻报道'的方法，写一次体育比赛或学习竞赛""学习例文，写一篇参观记"等，要进行这样的习作训练，需要举行相应的竞赛或参观活动。这时不妨"借船出海"，将"新闻报道"和"参观记"融入到本学期综合实践活动中去。一方面儿童有了参观游览的机会，另一方面活动又为教学提供了新闻素材。利用同一"经度"的儿童活动将不同"纬度"的习作训练巧妙地糅合在一起，不仅有效，而且事半功倍。"童化作文"认为：只要将儿童生活引入教材，就会获得一股不竭的源头活水；只要我们用儿童活动重构教材，就会生成一张快乐的写作地图。

裴：吴老师的"童化作文"主张鲜明而有个性，在当下的中小学写作教学界已经成为一道亮丽的风景。同时，您的一系列主张并没有像有的老师那样只是停留在纸面上，而是充分地落实到教学实践中。或者说，您的这一系列主张不是说出来的，更不是写出来的，而是通过扎扎实实的"田野行动"做出来的。这从您近几年出版的《吴勇教故事——儿童故事性写作教学探索》《吴勇讲"语用"——小学"功能性写作教学"探索》《吴勇话"知识"——小学精准性写作教学探索》《吴勇用教材——小学教材习作教学探索》等著作中可以充分感受到。

让每一次写作教学教得精准有力

裴：吴老师在您的六大主张中有一个"知识观"，近几年，您提出一个"精准写作知识"的主张，引起广大一线教师的关注。写作教学教知识，理所应当，您为何要提出一个"精准知识"的命题呢？

吴：当下的小学写作教学，由于淡化文体，在知识表达上都呈现出笼统模糊的状态：一谈到"写具体"，马上想到的就是"动作""神情""语言""心理"，一提到"写生动"就是"比喻"和"拟人"，一说到"写人"，就是写"外貌"和"品质"。这些"通用"和"万能"的"类知识"，对于一篇具体的"个习作"，所产生的"语力"非常有限，最多只能搭个言语"骨架"，至于其中的丰满的"血肉"，学生依然一筹莫展。只有让写作知识走向具体，与具体的习作任务相匹配，才能真正发挥作用，这就是我竭力倡导"精准知识"的缘由。

裴：那么，吴老师，怎么才能改变写作知识"笼统模糊"的现状，让每一次写作教学"教"得精准，"教"得有力？就这个广大一线教师非常关注的问题，请吴老师具体谈一谈。

吴：当下的习作教学之所以只有"组织"，没有"指导"，是因为：一方面，传统的习作知识既陈旧，又贫乏，没有及时将文章学、文艺学最新的研究成果吸纳其中；另一方面，习作教材编排过程中，只在习作主题以及内容上做了充分的考量，而对习作知识体系缺乏科学严谨的规划。正如韩雪屏先生所言："毋庸讳言，语文教学理应在言语技能的训练方面下大功夫。但是用来指导学生如何去听、说、读、写的程序性知识，在当前的语文教科书中，也不是数量多了，程度深了，过于系统化了。恰恰相反，程序性知识，对大多语文教育工作者来说，恐怕还是一个十分陌生的概念。"要改变这种习作知识"贫乏"，习作知识教学笼统模糊的现状，面向文体类型的习作知识深度开发，是当下习作教学改革的一个重要的向度。

置身类型。习作教学知识开发不能零打碎敲，不仅要结合一次具体的习作训练，还需要有更高的站位，那就是习作类型。在小学阶段，纵观各种版本的小学语文教材，主要习作内容大概可以分成五种类型：写人、叙事、写景、状物、实用。每一种类型，言语形式不同，文体样式各异，因此所需要的习作知识也各有千秋。因此，习作教学过程中，我们不但要开发出各种文体类型的框架结构性知识，而且要面向习作内容，开发出适合这种类型并且能支持重点段落的具体陈述性知识。

构建阶梯。对于同一种类型的习作训练，不同的年段和学期，应当有不同的教学内容，更进一步说，应该有不同的文体知识教学。可是遗憾的是，当下的习作教学，对于同一种文体类型习作训练，不同年段不同学期的教学内容大同小异。譬如3年级上学期"我的自画像"，要求儿童抓住特点、选择典型事例、通过细节表现性格和品质，可是到了6年级下学期"写家乡名人"，课堂上依然教这些知识。正如王荣生所言："从小学到初中、到高中，我们的语文课程和教学就在这几小点知识里来回倒腾……而且将这种低水平的繁琐重复，美其名曰为'螺旋型'。"要改变这种含混模糊的习作知识教学现状，同种文体类型的习作教学，需要在年段和学段之间，构建一个层层递进的知识台阶，让习作训练拾级而上，让每次习作既相对独立——知识适当不宽泛、层阶分明不牵扯，又互为基础——前一次教学是后一次教学的基础、后一次训练是前一次训练的延续。

力求下位。在一次"想象类"专题习作教学观摩活动中,不同年段的习作课堂,呈现的习作知识如出一辙,几乎都是"想象要合理,想象要丰富,想象要具体"。可是如何才能做到"合理""丰富""具体",在各自的课堂上语焉不详。"写作教学经常忽略学生在写作中的关键问题,只是笼而统之地列出学生在写作中的问题,并提出一些泛泛的要求,例如'描写不具体''中心不突出'。但是,'什么叫描写不具体?''为什么描写不具体?''怎样才能描写得具体?'这一系列问题在习作教学中并没有得到确切研究,因此语文教师只有依照自己的经验与认识自行其是。"这道出了当下习作教学只有笼统模糊的"上位知识"而缺乏具体明确的"下位知识"的困窘现状。而"下位"的习作知识需要教师结合即时的习作内容进行现场的教学生成。在6年级习作指导课《书包里的秘密》的教学中,我紧扣"秘密"展开教学,引导儿童探寻叙写"秘密"的习作知识——"细节变化",即抓住人物的"动作变化""语言变化""神情变化""心理变化"来写,习作难题便迎刃而解。因此,我们的习作知识教学需要"再向前走一步"的开发意识,努力使抽象的知识走向形象,模糊的知识走向清晰,笼统的知识走向精细,宽泛的知识走向精准。"宁凿一口井,不开一条河"。只有这样有深度、有精度地进行知识开发,制约习作教学"有效性"的瓶颈问题才有望得以破解。

裴: 也就是说,文体类型,是习作知识开发的丰厚语境;搭建阶梯,是习作知识开发的结构逻辑;追求下位,是习作知识开发的具体呈现。文体类型是寻找"知识面",搭建阶梯是勾勒"知识线",追求下位是明确"知识点",这三者构成了"精准知识"习作教学宏观而立体的构筑框架。在大力倡导"核心素养"教育的今天,您倡导的"精准知识"对学生写作核心素养的形成有何重要意义呢?

吴: "核心素养"时代已经来临,作为教育终端的学校需要为"核心素养"而准备,需要做好落地和转化工作,需要找到属于自己的学术逻辑。同理,作为学科教师,应当针对学科特征,找到让核心素养"落地和转化"的学术逻辑。对于小学语文学科内更小视域里的习作教学,让核心素养"落地和转化"的学术逻辑是什么?我以为,习作"精准知识"教学或许是这个学术逻辑中一个重要的节点。那么,"精准知识"与"核心素养"之间存在着怎样的逻辑关联呢?

一是概念层面的关联。"精准知识"是一种有条件的或然性知识,"核心素养"是所有学生应具有的最关键、最必要的基础素养。"精准知识"和"核心素养"的关联实质上是知识和素养之间的关联。张华教授认为:素养不是知识,知识的积累不必然带来素养的发展。但素养离不开知识,没有知识,素养就是无源之水、无本之木。由此可见,知识位居素养的上游,是素养发展的必要前提,素养是知识运行的终结性产物。知识到底是怎么成为素养的?有学者列出了这样的一个公式:素养=(知识+技能)态度。这个公式,让我们可以进一步地看到,素养是知行合一、智力因素和非智力因素结合的实践体和综合体。在这个实践过程中,因为知识的作用,素养的形成具有"可操作性";在这个综合过程中,因为知识的存在,素养的表达具有"可视性"。

二是教学论层面的关联。核心素养的形成并不是儿童的自然习得,而是通过教育来促进和发展的。"可教可学"是核心素养落地的主要路径。既然需要"教"和"学",那么肯定离不开"知识"这个重要载体。王荣生先生说过:"语文课程,落实到某堂课的教学,要教的知识应该是这样的:这个知识对于这篇课文(例文)的感受和理解至关重要——如果具有了这个知识,学生对这篇课文的感受就会丰厚,理解就会加深;如果不具有这一个知识,学生看课文就会疏漏重要内容,甚至不能把握所要表达的关键内涵。"以此类推,如果延伸到写作教学,这个知识对于学生表达自己的思想和生活至关重要——如果有了这个知识,学生笔下的习作就会内容具体生动,表情达意清楚到位;如果不具有这个知识,学生写作就会焦灼无力,甚至空洞无物。"这个知识"我们可以称为"精准知识"。王荣生先生曾经对语文课程与教学有这样的精辟论述:"语文课程的基本目标是语感养成,语文课程的主体内容是语文知识,语文教学的主要途径是语文实践。"我们可以将这样的关联继续向着语文教学的纵深——写作教学推进:"语文知识"可以深化为"精准知识";"语感"属学生语文经验的表现状态,是语文教学的结果,与"素养"的概念几近重合,或者说"语感"是写作核心素养之一；从"语文知识"走向"语感"的主要途径是"语文实践"，体现在写作教学中就是说与写的"言语训练"。这种关联性可以清晰反映出"精准知识"和"核心素养"在习作教学过程中的运行和转化，可以直观显现出"精准知识"和"核心素养"内在的呼应和因果。

三是儿童层面的关联。发展"核心素养"，旨在让所有儿童拥有最关键、最必要的基础性素养。"核心素养"的提出为了"人"的全面发展，在核心素养的形成过程中，更是基于"人"的。学生的个人知识，是其素养的基础、前提与载体。没有个人知识，断无素养形成。所谓"个人知识"，即个体在与学科知识和生活世界互动时所产生的个人思想和经验。"精准知识"应当属于学科知识，在形成"素养"之前，必须与生命个体发生"化学反应"，使"精准知识"沾染着"人"的生活和生命气息。由此看来，无论是"精准知识"，还是"核心素养"，都是指向"人"，借助"人"，成全"人"，这个"人"在小学阶段就是儿童（见图示）。因此，国际上有学者在研究中分析了核心素养与知识、技能、情感、态度之间的关系，指出核心素养是知识、技能、能力在相关工作领域与个性特质相互作用的结果，是个性学习经验的整合。这深刻地阐明了生命个体"人"，即儿童在"精准知识"走向"核心素养"过程中发挥的价值和作用。

我们在习作教学中大力倡导"精准知识"教学，就是为了更便捷、更贴合、更柔软地将写作核心素养发展在课堂上落地，在儿童内在的言语结构中生根。这就是"精准写作知识"的学术逻辑和实践探求。

基于核心素养的写作训练学

裴：从您刚才的表述中，我发现在"精准知识"和"核心素养"之间还存在着一个中间环节,那就是"写作训练",最近,您提出了"基于核心素养的写作训练学"这个概念,是否在强调"写作训练"在"精准知识"转化为"核心素养"过程中的重要作用?

吴:是的。众所周知,写作知识是写作素养形成的基础。我曾有过这样的隐喻:写作教学就像一棵大树,写作知识就好比大树的根,写作能力就好比根上生长的枝叶,写作素养就好比枝叶上开出的花、结出的果。厦门大学周序博士说:"如果我们把知识和素养对立起来,认为知识教学会占据素养教育的时间和空间,甚至主张以'素养'向知识'宣战',那素养就会不可避免地成为无本之木、无源之水,失去了生长的土壤。"由此可见,写作知识对于写作素养的形成不可或缺,至关重要。可问题是,写作知识是如何转化为写作素养的?张华教授给出这样一个公式:"知识+实践=素养,一切知识,唯有成为学生探究与实践对象的时候,其学习过程才有可能成为素养的发展过程。"可见,"实践"就是写作知识转化为写作核心素养的通道和桥梁。可是"实践"在写作教学的语境中,到底指的是什么呢?章熊先生的论述可以为我们揭开谜底:"语言,是不同民族在长期历史实践中逐步形成的一套相对稳定的系统;人们要掌握它,也只有通过自身的反复实践……我们可以把学生学习写作的总量称为'运动量',把学生通过活动所获得的进展称为'发展量'。这样,写作训练的'运动量'必定大大超过它的'发展量',这是规律。""反复实践"和"运动量"指的是"写作训练","发展量"就是训练的成果——"写作素养"。在写作知识走向写作素养的过程中,写作训练就是最为关键的转化路径和运行通道。

裴:可是,一提到"写作训练",就容易使人想到"机械重复"。吴老师,您在写作训练的过程中,是如何突破"机械重复"这个瓶颈的?

吴:对一线教师而言,写作训练的开展,应当处理好三个方面的问题:一是写作训练与教材写作教学的关系;二是写作训练与教师指导之间的关系;三是写作训练与语境构建的关系。因此,基于核心素养的写作训练课堂,应当构建这样三个逻辑:

一是写作训练与教材写作贯通。将教材写作排除在外,是当下众多中小学写作教学课程建设与教学改革的普遍做法。因为大家的潜意识中,觉得只有摆脱或突破教材，教学的创新才有可能。这致使广大的一线教师处于两难境地：如果照搬，教材的教学任务难以完成；如果置若罔闻，自身的教学困境难以挣脱。这是导致很多很优秀的教改经验不能落地生根的缘由之一。写作训练要扎根课堂，成为教学常态，首先得处理好写作训练和教材写作的关系（见下图）：从教学频率上看，写作训练可以反复进行，而写作教材只能使用一次；在写作容量上，写作训练常常围绕重点段落，而教材写作却是走向整体全篇；在教学进度上，写作训练可以见缝插针，即时选择，而教材习作却植根单元整体，以读带写，读写结合。怎样跨越彼此的沟壑，走向融通？那就是让写作训练紧紧围绕着写作教材，对于教材写作中遭遇的难点，写作训练局部突破，扫平障碍；教材出现的共性问题，就是写作训练的发轫之始，发力之时。当教材写作与写作训练融会贯通，形成合力，学生的写作素养就会大幅提升。

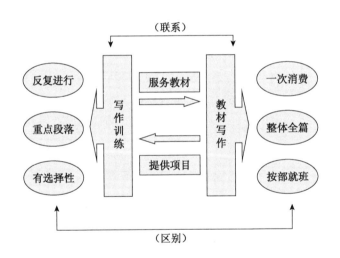

二是写作训练与精准知识贯通。精准写作知识是写作训练之核心。走向训练的写作教学，其课堂教学逻辑是"教什么"——教师与学生一起围绕"中介语"（习作例文）进行写作知识的创生，这是写作经验的开掘提炼的训练；随后"练什么"——借助具体的语境，引导学生将生产的精准知识进行实践操作，这是真实适时的语用训练；最后"评什么"——围绕精准知识，结合学生习作，进行达成程度的考量，这是锁定靶心的评价训练。

（见下图）在这个过程中，写作训练以精准知识为内驱，精准知识借助写作训练发力。它们使得面面俱到的传统的写作课堂走向具体针对的"一课一教"，教得深入，练得透彻，评得到位，让学生"一课一得"，写作素养不断积淀，稳步提升。

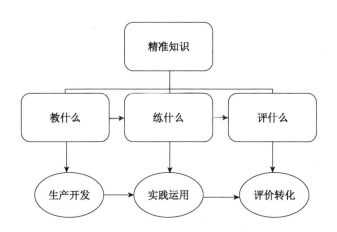

三是写作训练与真实语境贯通。一直以来，写作训练的"机械重复"被广为诟病。究其根本，写作知识笼统模糊，写作训练脱离真实语境。那何为真实语境呢？就是有真实的写作背景、写作目的、真实的写作对象、真实的写作材料、真实的读者。譬如"写身边一位小能人"，可以用"小能人网络投票"这个语境；譬如写家乡的一处风景，可以用"制作旅游宣传册"这个语境；譬如写一种美食，可以用"寻找美食推广大使"这个语境。在这样的情境下写作，儿童定会积极调动写作经验，运用适切的写作知识，来增强"语力"，即便是评价，也会华丽转身——如果意愿达成，证明语篇很成功，如果意愿没有达成，说明语篇有问题，没有打动和说服读者，就需要调整环节，再次应对。将语用训练置身于真实的情境之中，可以有力地避免训练的机械重复、枯燥无味，极大地激发儿童将生活欲求转化为写作欲望。只有此时的训练，才是货真价实的言语实践，才是写作知识沉淀和转化写作素养的最佳契机。

裴：将写作训练与语文教材、精准知识和真实语境整体贯通，运行逻辑清晰，写作训练就会真正获得解放，立于写作教学的前台，成为写作核心素养成长的显性教学抓手和隐形推手。通过这次访谈，我们走进了"童化作文"世界，不仅感受到"童化作文"严谨而深入的学理，更感受到吴老师孜孜不倦的探索精神。我想"童化作文"主张之所以能在当下的中小学独树一帜，最主要的原因在于吴勇老师以最前沿的中外写作教学理论为支撑，以当下中小学写作教学最突出的瓶颈问题为研究原点，以最真实的写作教学课堂为研究阵地。吴老师，您的实践和研究是典型的"田野行动"，值得我们广大一线教师学习、借鉴。

访谈嘉宾

- 吴勇，"童化作文"教学的倡导者，江苏省特级教师，中学高级教师，南京晓庄学院外聘教授，全国小学写作教学名师，现任南京市上元小学副校长，南京市名师工作室主持人，《小学语文教与学》《语文教学通讯》《小学语文教学》《新课程研究》等杂志编委。曾获中国小学作文教学擂台赛特等奖，多次获得省市优质课评比一等奖，相继成为《语文教学通讯》《小学教学》《小学语文教师》《小学教学研究》《作文教学研究》《教育视界》《新作文》等杂志的封面人物，主持的"童化作文"研究课题获得江苏省首届教育科学"精品课题奖"。近年来，《人民教育》《中国教育报》《基础教育课程》等报刊先后用大篇幅文字深度报道了"童化作文"教学。先后出版《儿童写作论》《童化作文：浸润儿童心灵的作文教学》《吴勇教故事——儿童故事性写作教学探索》《吴勇讲语用——小学功能性写作教学探索》《吴勇话"知识"——小学精准性写作教学探索》《吴勇用教材——小学教材习作教学探索》等作品八部，其中《童化作文：浸润儿童心灵的作文教学》被教育部确定为"国培计划"推荐课程资源。"童化作文案例开发研究"获得江苏省第三届优秀教育科学成果评比二等奖；"童化作文实践研究"获得江苏省人民政府教学成果特等奖。

何捷

儿童写作需要全程指导

裴：何老师，您好！在儿童写作教学领域中，您是以课堂教学见长的，老师们喜欢听您的课。所以，本次我希望您谈谈有关儿童写作课堂教学方面的问题，多和一线教师分享您的经验，好吗？

何：谢谢您。没问题，我也希望一线教学从对"教"的认识入手，让"教"成为"写"或者说"学"的有效助力。您觉得这个话题，一线教师最关注的是什么？

裴：的确，关于"教"，一线教师有许多困惑，我想请您分成三个子问题来谈。一是儿童写作教学中的"教"的研究现状究竟如何？二是您的"教"，是怎样的一种教学主张？三是最好能分享一线教师能用得上，相对具体的做法。

何：谢谢。您的这三个问题，很有逻辑，我们就按照顺序来谈。

当前儿童写作教学中的"教学样态"

何：教学之争是新一轮作文教改的焦点。先后有作前指导、作后指导两种主流观点交锋。作前指导曾经雄踞一时。比如说我自己在十多年前提出的"游戏作文"教学法，还有诸如情景作文、活动作文、生活作文、影视作文等，都属于此类型的"教"。一般而言，强调作前指导的，教师多在教学中，在儿童写作之前下功夫，指导如何审题，或者是组织活动进行激趣、对话、提取素材、信息共享、情景创设等。近年来，作前指导还有一种更为流行的模式,大概可以归纳为"读写迁移"模式。该模式提倡从读学写,由读仿写,读写结合,读写共赢。

裴:我也发现了这一趋势,其实"读写迁移"由来已久。古代私塾教学就是典型的读写结合的写作教学模式。只不过当时更多的是"死读",只读不讲,如今明确指向"写",以读促写。如今有了改变,您认为作前指导效果如何?

何:应该说作前指导,确实是有效的,不过,此类的优质与高效,应符合三个要求:其一,时间应短,不可喧宾夺主,占用太多写作时间;其二,力度要小,不可产生过大的暗示、限制作用,影响自由发挥;其三,干涉要少,否则容易造成千人一面、千篇一律的作文死结。也许正是发现了作前指导的不足之处较多,近几年作后指导的提法较为盛行。作后指导强调写作前的"不教",放手让儿童自由审题、选材、构思、组篇、行文。教师主要针对习作进行评讲,并施以拓展写作视野、归纳写作知识、调整更改构思、提请自行修改等方式,达到提升写作能力的教学效果。其实,这种"选文+评点"的模式可以追溯到宋代。吕祖谦的《古文关键》就是最早出现的选评结合的文章选本。此模式风靡于明清时期。夏伟刚在《明清文人评点与小说批判理论》一文中就指出:评点包括圈点、眉批、夹注、总评等,方式灵活,实际上是熔选本、笺注、诗话等方式于一炉的一种综合性文学批评方式,其目的是帮助读者领会欣赏,揭示作文之用心。脂砚斋、毛宗岗、金圣叹等都是当时突出的代表人物。他们通过评点,让文本中的秘妙之处更为开放、鲜明、直观,但同时评论的言语也带来新的误读和神秘意蕴。

裴:是的。我们确实在一段时间里,看到作后指导带来的一阵清新的教学之风。您对这种指导类型有什么看法吗?

何:作后指导,促进了儿童写作的自我内省,催生了作者本人的修改意识,有益于良好的写作习惯养成,能在实践中提升写作能力。但综合"作前"与"作后"两种指导类型,很明显,一个问题浮出水面:抓了"两头",为何唯独放弃中间最为关键的写作过程?于是儿童写作过程中出现了三无真空:无监控,大家自由写;无辅助,会写的还好办,不会写的依旧不会写；无提升，无论写得好与不好，其实都是"吃老本"。写从整个教学环节中剥离出来，前不着村，不需要指导也可以写；后不着店，写后即了事，评改是老师和个别写作高手的对话，往往最需要辅导的儿童得不到有效辅导。

裴：是否可以这样理解：您认为写作过程教学的缺失，就是写作教学效果不佳的根源？

何：是的。过程教学的缺失，反映了对学情的严重忽视。这样的忽视使得"教"成为一厢情愿的，以为有效、实则无效的行为。因为从真实的学情出发，我们发现儿童作文是极其需要辅导的。就像我的小孩在家中写作文，我在一旁，孩子就觉得心里有底，有问就答，写得顺畅。我也多次接待邻居来访，说是小孩自己在家写，半天了写不出来。当然，这里不排除个别父母的辅导方式问题。我们要关注和思考的是：专业的教师，专业的教学，是否更应该从过程中发掘与提炼出有益的教学行为呢？

裴：好，这个话题对一线教师确实有启发，就请亮出您的教学主张，谈谈第二个话题吧。

在儿童写作的全过程中实现教学互动

何：我主张在儿童写作的全过程中，实现教学互动。以"教"促进"写"，辅助"写"，在课堂教学这一独特的、限定的时空中，以"教"保障"写"的顺利完成。这一主张的前提是：其一，我们谈论的是"教学写"，而不是"作家创作"，是基础教育阶段的，面向学习写作的儿童实施的写作教学；其二，我们谈论的是"课堂领域"，而不是"课后时空"，相对课后，课堂教学要考虑的有教材要求、整体与个体的学情，还有教学时间、目标达成等，不能否认，真有点"戴着脚镣跳舞"的感觉。

裴：我觉得这两个前提的厘清特别重要。如果谈论时混淆了"教学"与"自由"，把儿童当作作家来看待，这个问题讨论的方向首先就不明确。

何：谢谢您的认可。在此前提下，这几年我提出了"写作教学进行时"这一教学主张。这个主张的三大关键词是"教师""教学""儿童"。我们强调教师在教学全过程中的重要性和不可替代性。写作，儿童是主体，伴随着主体写作的全过程，教师必须履行教的职责，实施有效、合理、科学的"教"。"进行时"就是以教为轴心，"教"串联全程，时时关照写作运思，激活生活经验，调用阅读积累，组织同伴合作，促进表达欲望的产生，直至言语表达顺利倾吐而出。"进行时"的教涉及作前的准备、作后的修改与评价，强调的是写作过程中关注儿童言说的情态，营造乐于表达的氛围，更多给予鼓励，促进表达的灵感生发。总之，"进行时"将关乎写作的思维、表达、积累、评价、灵感等串联在"教"这个核心轴上，师生以及教学本身形成和谐、合情、合理的共同体，相融相通，相伴相生，联合促进儿童实现"易于动笔，乐于表达"。

裴：您强调过程中的教，其实很多一线教师也在思考：写作过程中，可以教些什么呢？

何：大致来说，可以教四类。第一，可以教写作的方法，起到引领、示范、解惑的作用。儿童写作是学习过程，自然需要方法指导。方法不是生冷的文字，不是僵硬的指令，它是写作内隐的动力。方法经过儿童，也就是作者本人的理解、实践、融会贯通后，可以转化为写作的驾驭能力、写作行为的控制力、对写作的条件反射。因此，方法极具"教"的价值。但方法教学不能简化为穿靴戴帽的概念讲授、生搬硬套的简单叠加，而应该结合具体的写作实践。夏丏尊、叶圣陶在二十世纪三十年代合著的《国文百八课》就是非常有益的尝试：先以"文话"具体明确地呈现写作知识；再配以"文选"展示与体现这些知识在文字中的运用；跟进练习、讲解、疑难问答。

裴：是的，这本书就像提倡"在游泳中学游泳"，让技法与实战相互映衬，是非常经典的技法教授范例。

何：第二，教的内容，可以是教师的关注、陪伴，在儿童写作全过程中，起到备咨询、有效调控的作用。关注学情的教师会发现，儿童在写作的过程中会遇到不少障碍。例如，不会写的字、语言储备不足、素材的调用、句式结构的组合、构思中的疑惑等。如果有教师的陪伴，儿童就更具有写作的底气。这也是有家长、教师在一旁写起来"如有神助"的原因之一,其实是一种心理暗示与慰藉。专业教师的写作陪伴作用不止于此,他能根据不同情况,对集体或者个体的问题进行纠偏,针对集体或个别的困惑积极予以解决,通过写作过程中的暂停与重启、谈话与互动、鼓励与提示等行为,促进儿童将写作顺利地进行到底。第三,教还可以激活思维,例如最近比较流行的头脑风暴等方法的使用,都是一种唤醒思维、共享创意的教。儿童写作陷入困境,最缺乏的是什么?最有力的牵引又是什么?都是思维。思维是写作成为一种艺术的核心所在,是文章能够表情达意的关键要素,思维的缺位也是造成写作失效、文章缺乏阅读价值的主要原因。而在写作过程中实施教学,掀起阵阵头脑风暴,便能实现思维的激活、共享、互利。儿童在思维碰撞中能感受到不同的思维结果,欣赏不同的创意,同时也锻炼了自己的思维力。最终儿童能靠思维去组织、转化、输出语言,把原先"脚踩西瓜皮"式的随意型写作拉回正轨,让思维成为语言的先遣部队,写得规范。

裴:对思维的关注,是个古老而又新鲜的话题,写作教学中的思维,的确值得好好研究。您有这方面的具体案例吗?

何:具体案例,在《作文课的魔力》一书中有十几节,相信对一线教师有帮助。我接着说第四点,教学还可以引发情感的共鸣,在师与生、人与文的情感融合中实现共同提升。大家可以想一想,在写作过程中施以教学,其行为本身就让人倍感亲切,既是有效的教学情境创设,也是教师情感的自然植入,还能成为师与生、人与文情感共融的心灵牧场。就个体而言,有针对性地解决个体写作的困难,能让写作者信心倍增,对写作产生好感;就集体而言,情与境相伴相生,师生间的情感加深。情感成为儿童习作的动力依存,亲师信道方能逐渐迁移,直至爱师,爱语文,爱写作。一次次的化难为易、思维互动、快乐共享,一次次切身的体验,都将汇聚成儿童参与写作的内驱力。

裴:我听了您的介绍,感觉"写作教学进行时"的教学特征,大致可以归纳为三点:其一,形式上化整为零。将原本集中的教与写两个环节打散、穿插、融合,将成篇的写作设计为片段写作。其二,重点在思维的拓展与扩散。写作过程中的教着力于激活,发散思维,改变以往"想好了就这样一路往下写"为"一边写一边想，一边想一边调整写作的思路"。其三，不放弃技法的传授。我们让必备的写作知识与写作实践紧密相连，达到学以致用的教学目标。

何：谢谢，三个特点总结得真好。

有无服务一线写作教学的操作方法

裴：接下来，我们谈谈第三个话题。您的教学主张有没有具体的，可以服务一线写作教学的操作方法？我相信这是一线教师最关注，也是最实用的部分。

何：这个话题确实是最实用的，也是一线教师最希望看到的。不过，具体用什么方法，应该根据具体的写作任务、写作话题而定，通用的方法，很难找。我们可以做出提醒，不管用什么方法，都要注意三个特性：其一，趣味性。儿童写作教学，首要注重趣味，设计的话题、安排的活动、布置的写作任务等都要有趣味性。其二，游戏化。游戏不要只被看作玩耍，应视为一种写作中必备的情态，是一种精神上的高级享受，当然，游戏本身也是儿童最容易接受的。写作和游戏相结合，无疑将化解写作难度，吸引儿童自觉参与。其三，简易化。将简单的事复杂化，愚蠢；将复杂的事简单化，智慧。儿童写作，本就应该简简单单。设计，不能成为人为设置的障碍；教学，不要故弄玄虚。其实，要了解这个问题，一线教师更喜欢看课，而不是听我们说方法。大家可以在《何捷老师的教材作文设计》一书中，看到在一线教材作文教学中，我的具体操作方法，比较具体、系统。

裴：确实，看课中得法，是一种自我研修的途径。不过这一次，也请您简单介绍一些方法吧，只要能让大家在设计和执教时有所参考，都是很受欢迎的。

何：好的。在设计教学时，我有个简单的模式，称之为"五一设计法"。"五一"包括：转换一个观念，等待一段时间，牵住一个牛鼻子，深挖一个要点，组织一次讨论。所谓"转换一个观念"，就是在设计之初就端正对课堂教学的认识，不要习惯性认为教学是"我要你学"，不要张口闭口感谢学生"配合了老师的教学"。从自己的认识出发，调整观念，将写作教学看作陪伴儿童成长的过程，在课堂中实现自我与儿童的共同进步。你有问题解决不了，我帮助你；你有发现，我和你分享；你有进步，我鼓励你。观念对了，方向就对了，教学目标也就能正确地锚定。"等待一段时间"，就是做到不慌不忙，给儿童思维留有余地，给写作留下时间。英国教育家泰德雷格博士统计过，一个教师一生要提100万个问题。这是针对英国教师的统计数据，若是在中国，数据估计还要翻倍。就在这100万个问题中，属于"教学管理""简单回应""旧知回忆"的三类问题占80%以上，真正的"启发性提问"不足20%。等待一段时间，就是警示我们课堂提问要注重质量，要提出值得思考的问题。热闹，是思考的大敌。特别是写作，任务呈现后，思维激活后，提出问题后，都要给予儿童琢磨、质疑、组织语言、敲定写作方案的时间。朱光潜所倡导的审美原理"慢慢走，欣赏啊"与此异曲同工。"牵住一个牛鼻子"，牛鼻子即牵一发动全身的关键问题。每一节写作课，都要致力于解决一个核心问题。例如学写发言稿，我们就解决发言稿中的"情境"问题，在不同情境下发言，内容不同，写法不同，这就需要构思。又如学写说明文，我们集中指导"选择"，选择合适的说明对象、恰当的说明方法，让说明文写作建立在"我"熟悉、"我"能说清楚的基础上。《管子·内业》中记载道："思之思之，又重思之。思之而不通，鬼神将助之；非鬼神之力也，精诚之极也。"设计执教的过程就是一个思维的过程，是教师专业素养的炼炉，是一席精神盛宴。然后是"深挖一个要点"。课堂教学中，写作任务既定，教学目标既定，接下来就是不贪多求全，认准一个点，反复写，刻意练习，深挖下去，让学生一次练习有一次收获。最后，也可以"组织一次讨论"。这个类似头脑风暴，是在面临问题或是要打开思路时常用的方法，相信大家都已经能使用了。讨论，聚合大家的智慧，这是简单而又有效的好方法。合作学习，是最能体现儿童为主体的教学操作法。

裴：您的这"五一设计法"真好记，我相信对一线教师设计教学很有启发。最后还希望您谈谈，在具体的一节课中教师的教学操作，有什么好的建议吗？

何：那么我就提出几条建议吧。首先，大方向要正确。课标中将写作暂称为"习作"，并对其进行界说，设定教学目标，提出分学段的阶段要求，这些都是给我们大的方向上的建议。希望一线教师熟悉课标，这是我们教学操作的"标准"。其次，具体的每一节课，认可"写作教学进行时"的一线教师，可以注意以下几点，你会发现，要发挥教师在教学中的作用，关键在一个"变"字。第一，在教的时候，教师要注意变身份，由独到众，变教师"一人教"为儿童"众人教"。进行时教学过程中的教是开放性的，不仅是教师个人传授知识，儿童之间的互动言说、片段写作观摩等，都可以成为同伴写作的信息源，都是一种有效的教。其实，儿童的写作经验对于同伴来说特别受用。这是经过儿童实践检验，用儿童特有的言语处理后传递的，具有"一听就会，一会就能吸收，一吸收就能转化"的神奇效果。当儿童进行"兵教兵"的尝试时，教师的身份就是倾听者、参与者。大家七嘴八舌，远远胜过教师一个人的讲授，胜过单调的"写人方法"传授。"兵教兵"式的教学实现了高效：全体都会，全面进步。课堂，也因为这样的教成为一个辩论场，信息交换场，火热的学习场、练习场。第二，变方式，由分到合，变"教""练"分离为"教""练"融合。进行时的"教"与"练"是紧密融合的，教得小而精，教后就练，练后就评，评后就改，改后再议，议即是分享，也是一种相互间的教。前后构成良性循环，"教"和"练"不脱节，不隔离，"教"和"练"的融合带来即时性、互动性、有效性。第三，变过程，化整为零，变"教一时"为"教全程"。写作过程一般包括审题、构思、立意、选材、起草、修改、定稿。传统的教学会集中在写前进行，也有的在写后以评讲的方式进行。这些都是一时性、集中型的"教"。

裴：您说的"教后就练，练后就评，评后就改，改后再议"，能再解释一下吗？写作教学的评改环节，一直是关注的焦点。写作教学进行时，是如何看待这一方面的，又是如何做的？

何：改，确实是个焦点问题。修改，是写作的形式；写作，是修改的延续。进行时教学主张割除教师的不良条件反射——一看到儿童的文字差错就修改。进行时教学中的修改，教师是参与者，但更多时候是以组织者、倾听者的身份出现，修改交给作者和同伴。最主要的方法就是读。作者写后自己默读，读通即可。作者将自己的文章和同伴分享，采用的是朗读，读到大家听懂即可。同伴间的互助修改方式是评议，三言两语，各抒己见。修改，就是和自己、和文字、和读者交换思想。这里，特别强调在教师指引下，改要改在"上位"才有效。上位，就是构思。改构思，就是重新出发地写。相比改在下位，如改文字、修辞、技法，或是某一句话的推敲，改在上位，是教师教学中更值得关注的重要任务，是真正的"写作学"层面的、有效的修改。停留在写作下游环节的改，无法真正抵达写作最核心的要素——思维，充其量只能是"作"，是一种制造，是简单的加工，是修饰。而如果要具备创造性，要有更高的存在价值，就要通过"教"，让改居于上位——改思维，让写作发生质变。

裴：您围绕儿童写作需要全程指导这个有意思的话题，从三个方面阐述了您的观点，还介绍了您的"写作教学进行时"这一特色鲜明的教学主张，提供了一线实用的教学操作法，我相信，对于所有关心中小学写作教学的人来说，都很有启发。请允许我代表读者谢谢您，感谢您和我们分享您的教学实践与思考。

访谈嘉宾

何捷，全国首届十大青年名师，全国小学写作教学名师，福州教育研究院小学语文教研员。被孩子称为"有魔力的作文老师"；被家长称为"让孩子爱上作文的魔法师"。福建省作协成员。"游戏作文""百字作文"创始人和倡导者，近年来提出"写作教学进行时"这一作文教学主张。《语文教学通讯》《新作文》等十余家期刊封面人物。先后撰写文章1600余篇，发表于《人民教育》等期刊，在北京、西藏、宁夏等地上公开课，讲座数百场，备受好评。已出版《何捷老师的游戏作文风暴》《小莲藕学作文》等30余部作品。

张晨瑛

关于小学生习作能力培养

裴：张老师，您好！您在习作教学研究方面具有独到的见解，尤其是对小学生"习作能力培养"的研究成果卓著，受到了专家的广泛赞誉。今天，我想请您谈谈小学生习作能力培养的问题，不知道您是否方便？

张：裴社长过誉了！我知无不言。我们如何展开这个话题？先谈谈您的想法好吗？

裴：好的。我想从三个子问题来谈。一是为何选择"习作能力培养"这一研究领域？二是如何构建"习作能力培养体系"？三是通过习作教学培养学生的习作能力应注意些什么？

张：好。那么我们就按三个子问题的顺序来谈吧。

为何选择"习作能力培养"这一研究领域

裴：张老师，第一个问题，您为何选择"习作能力培养"这一研究领域？

张：之所以聚焦"习作能力培养"这一研究课题，首先是基于习作教学的现实背景。从教材的角度来看，以"人文主题"为单元组元的依据，往往是提供写作的内容。这样的编排方式自然有其优势，但是同时也有其弊端。如以人教版5年级上册第一组为例，本组专题为"我爱读书"，单元习作安排了三个选项：一是写自己和书的故事或者谈自己读书的体会；二是采访身边爱读书的人，写采访记录；三是开展辩论，记辩论经过或自己对这个问题的看法。且不说三种选项是否容易让老师在确定教学目标时"眼花缭乱",先来看课文安排能不能给习作提供学习的方向。本组课文安排了两篇精读课文《窃读记》《走遍天下书为侣》,两篇略读课文《小苗与大树的对话》《我的"长生果"》。四篇文章写作内容各不相同,有谈读书感受的,有谈读书见解的,有谈读书经历、读书方法的,有谈读书的作用的;四篇文章写作题材也各不相同,有叙事,有说理,还有访谈录;四篇文章的表达手法也并不相同,包括心理独白、发表议论、直抒感想、夹叙夹议。正因为如此,学生面对风格迥异的文章,便缺少了明确的借鉴方向。于是,面对习作内容,我们为什么要让学生练写这个内容,通过本次习作要达到什么目标,学生写到何种程度才算是符合要求……就全靠老师们"八仙过海,各显神通"了。

裴:这的确让一线的语文老师挺为难的。这是不是教材中的共性问题呢?有没有一种可能,教材每几个单元会有一次习作教学目标的提示,几次单元习作共同指向一个教学目标呢?

张:我们也考虑过这个问题。我们还是以人教版5年级上册为例,第二组习作是写"二十年后回故乡"。这次习作对学习的目标有所提示,比如"尽情发挥你的想象",看来这次是写想象文,这是对文体样式的提示;"可以写家乡发生了哪些变化,哪些地方引起了你的回忆,可以写与亲人或同学们见面的情景,也可以写你想写的其他内容",这是对选材的提示;"回忆一下课文中作者表达感情的方法,并试着在自己的习作中加以运用",这是对言语表达的提示。提示越多,往往集中性就越不强。如何想象可以上一节课,如何选材可以上一节课,如何写出感情也可以上一节课,到底选什么?孰重孰轻?还是不容易把握。再与前面所说的第一组习作进行比较,关联性就更难发现了。

裴:看来,教材的目标隐性问题给老师们造成了不小的麻烦。

张:正是这样。六年之前,我们对区域内的习作教学情况进行了一次调研,主要针对习作教学目标的认知情况。教师层面的调查主要面向中青年骨干教师,涉及26名教师,17所小学,有城区学校、农村学校,样本比较具有典型性。问卷从"小学生习作水平的核心要素"和"核心要素的年级落点"两个方面展开,下发后当场填写,当场回收。分析统计数据,我们发现大量教师在表述上将习作目标、习作能力、习作技法、习作过程混为一谈,而且在年级分布上更是凭个人经验,缺少统一的标准,核心要素重叠、层级要求不清、评价指标模糊等问题层出不穷。但是,从老师们的问卷与访谈之中,我们发现大家对于习作指导重要性的认识是到位的,也迫切希望能梳理出一个相对清晰的习作指导框架,使自己能明明白白教,让学生能扎扎实实练。

裴:那么课标中对各年级的习作要求有没有明确的指向呢?

张:课标是纲要性的文件,在表述上往往比较简明扼要。而且,课标在"课程目标与内容"的说明上以总体目标与学段目标的方式展开。"总体目标与内容"涉及1—9年级共10条,自然不可能细化。即便是"学段目标与内容"小学阶段也是每两个年级为一个学段笼统表述,同样难以细化。关于这一点,我就不再展开,大家可以去细细品读一下课标的"课程目标与内容"版块,便会发现这一特点。所以,归根结底,细化目标的任务又落在了一线老师的头上。然而,这是一项大工程,不是凭老师的一己之力可以轻松化解的。

裴:认知上的"不明",必定导致教学上的"不清"。由此,可以推想习作教学上的问题还是相当突出的。您觉得教师在习作教学中的主要问题包括哪些呢?

张:根据我们对习作教学课堂的持续观察,发现习作教学中显著的问题至少包括以下几点:一是教学无标,因为对习作教学目标的模糊,有的老师甚至干脆在课堂上做起了"甩手掌柜",学生爱怎么写怎么写,只要写就行,以为多写了习作能力自然就提高了;二是目标无序,如以写人文章为例,3年级开始训练"人物描写能力",提出要运用外貌、语言、动作、神态、心理来描写人物,使人物描写具体、鲜活,4年级也这样,5年级还是如此,6年级仍旧"急火翻炒",各年级一遍遍"复制""粘贴";三是指导无向,教师在指导的过程中没有明确的指向,选材、构思、言语等,想到什么教什么,面面俱到,没有明确的层级要求,什么都往课堂里塞;四是教学无法,课堂上教师不能给予学生合理的支架,奉行"多读书作文水平自然就提高了"的万能法则,从而使学生的习作也呈现出无法可依的状态;五是评价无度,学生写成啥样就啥样,或者就事论事,缺乏针对性的评点。

裴:是啊。这是习作教学长期以来的困顿之处。那么,您是怎么想到以习作能力的培养来突破习作教学的难点的呢?

张:这就要从研究的理论背景来谈了。习作教学的问题由来已久,同时关于习作教学的研究也是成果斐然。从学理上来说,有维果茨基关于习作的语言与思维关系的论述,有朱作仁教授序列性作文训练的阐述;从实践上来说,前辈们同样给我们提供了大量的研究依据,像丁有宽老师的读写结合、上海吴立岗教授主张的素描作文、张化万老师的活动作文等,专家们在习作教学的各个领域展开了切实有效的研究,在比较的过程中我们发现习作能力的培养或许不失为一条习作教学提质提效的出路。

如何构建"习作能力培养体系"

裴:建立相对科学的"习作能力培养体系",的确是迫在眉睫的事!如何构建"习作能力培养体系"呢?您能谈谈具体的构建思路吗?

张:好的。构建"习作能力培养体系"自然需要厘清习作能力的基本要素。维果茨基的《思维与语言》认为作文是感知、观察、表象、思维、想象和语言能力的表现,是智力因素与语文特殊能力的揉和叠加;《苏联的作文教学》将小学生最基本的写作能力分为七种:审题能力、表现中心思想的能力、搜集材料的能力、系统地整理材料的能力、修改文章的能力、语言表达能力和选择文章体裁的能力;朱作仁教授从习作心理学层面提出习作主要能力有:审题能力、立意能力、搜集材料能力、选材与组材能力、语言表达能力;吴立岗教授提出,作文是积累、构思、表达、修改能力的表现……这些已有的研究成果,虽然表述不同,分解粗细各异,关注各有差异,但其内涵具有共性:其一,都是从心理学层面把握学生的认知规律,把握学生的思维发展过程,寻求语言与思维同步发展的契合点与共振点;其二,都涉及了认知、情感、思维与语言这些要素;其三,侧重点在于逻辑思维与语言表达这两个要素。综合这些理论,我们梳理并建构了小学生习作能力的五大领域的基本框架，即"情意""选材""言语""构思""修改"。

裴：由已有成果出发，站在前人的肩膀上做研究，才能取得更大的进步。您的研究是有坚实的理论基础的。

张：任何研究都应从做一名合格的"大自然搬运工"开始。习作能力的五大领域的确定不是创造，是对前人经验的梳理。但光有这五个领域的粗框架是不够的，第二步我们又对课标进行了深度解读。比如，"学段目标与内容"中，三个学段都涉及了有关习作情感方面的条目："兴趣""与人分享""自我表达""与人交流"等，强调对人有看法，对事有观点，对物有喜好；"留心""观察""觉得新奇有趣的内容"等，涉及"选材"领域的"信息处理能力"；"不拘形式""简短的书信、便条""简单的记实作文和想象作文"等，涉及"构思"中的"文体运用"；"平时积累的语言材料""有新鲜感的词句"等，则指向"言语"中的"遣词造句""叙述描写"……再结合教材在阅读、习作编排上的线索排摸，形成了五大领域下的12条能力子项。"情意"领域包括"乐于表达能力"和"认知感受能力"；"选材"领域包括"信息搜集能力""信息提取能力""信息组织能力"；"言语"领域包括"遣词造句能力""叙述描写能力""语法修辞能力"；"构思"领域包括"审题立意能力""谋篇布局能力""文体运用能力"；"修改"领域包括"辨析修改能力"。在12条能力子项的基础上，我们再根据学生的心理发展规律进行进一步的细化，形成了各年级的三级能力指标。

裴：那么这些习作能力在教学的过程中如何培养呢？您能不能简要谈谈习作能力培养的基本路径或主要策略？

张：好的。习作能力培养的基本路径主要是"习作课中微课程化的专项练习"。也就是说，每次的习作都主要指向某一习作能力指标，通过目标、内容、实施、评价的高度聚焦，达成习作能力的有效培养。比如说关于人物描写至少可以安排五个专项培养习作能力：（1）学会运用外貌描写表现人物特点；（2）学会运用动作描写表现人物特点；（3）学会运用语言描写表现人物特点；（4）学会运用神态描写表现人物特点；（5）学会运用心理描写表现人物特点。当然除了这几个专项练习外，还可以辅之以综合性练习，以达成能力的综合建构。我们在六个年级分别安排了16次习作能力专项练习，对应每个学年的16次习作。

裴：这相当于先制作"预制件"，为之后的建房做好准备。那这些习作能力专项练习在不同的年级是不是还要考虑梯度递增，架构相对科学的体系呢？

张：习作教学中最明显的问题在于教师对学生能力要求的拔高，之所以会有这样的问题，其实归根结底主要在于习作能力体系的缺失。各个习作能力专项练习分别在哪个年级安排，都需要根据学生的心理发展规律进行序列化编排。不单如此，同一个习作能力往往也需要通过若干个习作能力专项练习分层培养。例如"运用语言描写"的能力在3年级主要是认知"牵羊式""推车式""挑担式""隐身式"这四种语言表达形式，运用相应的标点符号；4年级则重在领会不同语言表达形式的效果，能尝试在习作中应用；5年级要求进一步提升，能交替运用四种语言表达形式进行表达；6年级则要求根据表达需要选择合适的语言表达形式，突出表达效果。难度系数不同的各个习作能力专项练习，加上同一习作能力专项练习的分梯度巩固提升，便形成了各年级的习作能力培养体系。

裴：这就是您所说的"梯度培养，螺旋递进"的意思吧？

张：是的。

裴：那么除此之外，还有其他的习作能力培养路径吗？

张：第二个途径便是阅读课中的随机性练习。习作、阅读不分家，它们是语文教学的两翼，只有两者协同作用，语文这只"鹰"才能"翱翔蓝天"。阅读课要成为学生习作能力"悟格"的磁力场，吸收能力组块，丰富习作能力图式。像《巨人的花园》写到因巨人的不同举动，花园经历了三次变化；《幸福是什么》写到三个牧童分别找到各自的幸福；《去年的树》中小鸟问树根、问大门、问小女孩（三次）；《小木偶的故事》中小木偶被熊警官、小兔子、老婆婆误解（三次）。由此学生便能发现"故事中奇妙的'三'"。于是学生谋篇布局的能力图式便得以扩展丰富。

裴：将习作与阅读紧密结合，以单元整组的角度发掘习作能力习练点，对学生习作能力的提升意义重大。

张：同时，阅读课也是学生"读写结合"练习的有利场所。学生可以在言语情境中进行个性化表达，展开模仿性迁移。这一点，我无须多言。在阅读课中进行基于"习作视域"的个性化处理，对于学生习作能力的稳步提升是具有现实意义的。

裴：对！这样习作便突破了"次数"的限制。在成文的习作与片段的习练相结合的练习中，学生的习作能力便能更稳固地形成。

张：第三个途径是课外的常态化练习。习作能力的形成，光靠习作课和阅读课还是相当不够的。如果我们能在学生的日常生活中介入习作能力的培养，效果一定会更加显著。生活化的情境更能促发学生的表达动机。比如选班干部了，能不能让学生投投票，写写对人物的看法？思品课可不可以根据道德的"AB面"事先列列辩论提纲？综合实践活动中，能不能让学生分步安排若干个习作能力专项练习？

裴：这就把"习作取之于生活，用之于生活"的理念真正彰显出来了！

培养学生的习作能力应注意些什么

裴：刚才，您反复提到"专项"，那我们的课堂教学会不会显得太过单一，缺乏丰富性呢？

张：其实我所谈的"专项"是相对而言的。语文教学是"知识与能力""过程与方法""情感态度与价值观"三维合一的教学，习作能力中的"情意""选材""言语""构思""修改"这五大维度同样在三维目标的"手掌心"中。既然如此，它们便不可能孤立存在。因此，在习作教学中我们要强调"一专多能"。习作能力专项练习强调在一课中聚焦某一能力的练习，但并不排斥其他能力的介入。习作能力的五个维度之间并不是割裂的，而是融为整体的。就拿"情意"维度来说，它是贯穿于习作始终的，课前由其激发动机，课中由其催发表达，课后由其强化升华。用一句通俗的话来说——不管我们提或者不提，它都在那里，不离不弃。用形象化的公式来表示的话，每节专项练习课都可以看成是"X+（A+B+……+N）"。其中

"X"是聚焦的专项,"(A+B+……+N)"则是原有的能力基础。

裴:也就是每次习作重在突显某一能力的习练,而非只拘泥于某一能力的习练。

张:嗯,是这个意思。同时,习作能力的培养并不囿于习作一隅,而是与语文教学的整体休戚相关的。语文教学主要包括"识字与写字""阅读""习作""口语交际""综合实践"五大领域。"识字与写字"可以通过"习作"这一平台进一步落实,"习作"促进了"字词"的复现与巩固;"习作"同样可以促进学生的深入"阅读","习作"要从"阅读"中悟格,而"阅读"过程中习得的表达规律,又可以在"习作"中应用,同时验证其表达效果;"口语交际"与"习作"本是"同根兄弟",前者注重口语表达,后者注重书面表达,两者相互印证,互为辅助;"综合实践"更可与"习作"进行整合,以"习作"来促进"综合实践",以"综合实践"来强化"习作"。"习作"在语文教学的横向维度上来看,是与其他诸维度协同共进,不可分割的。

裴:嗯。其实最关键的还是老师的课程视野,如果死抠"专项"一词,忽略了它在语文课程整体中的地位,就会引起单线孤立的问题,在操作的时候稍不注意也容易造成对学生习作的约束。在这方面您有什么建议吗?

张:的确,运用"微课程化专项练习"对学生的习作能力进行培养必须注意呵护学生自由表达认知的心理,否则容易陷入机械僵化的泥潭。要避免这个问题,首先,我们在习作教学中要讲究"点化"功夫。要让学生先试水,在此基础上引导学生发现规律,显化图式。其次,习作能力专项练习同样讲求"我手写我心"。我们培养的是能力,并不限于技法,在于让学生"有话能说,有事能写,有感能发",所以在习作指导的过程中不应过多地以"成人化"的要求去干涉学生的自由表达。我们的任务在于让学生发现通过这样的方式就能说出来,就能写出来,就能抒发出来,提供给学生一些可选项,而非必选项。再次,要注意一般能力与特殊能力同步兼顾。简单来说,"特殊能力"是专业化的能力,而"一般能力"是普适性的能力。比方说,"构思"能力主要与习作这一专业领域相关,就是"特殊能力";而"观察"能力在各个领域都适用,就是"一般能力"。在习作专项练习的过程中,我们也要注重一般能力的辅助性引入。比如写景,那就让学生仔细观察;又如叙事,那就让学生尝试体验;再如说理,那就让学生反复甄别……当习作专项练习,以一般能力为基础,以有效情境为支架,对学生的约束便会轻松化解。其实从本质上来说,学生的阅历不同、环境不同、个性不同、积累不同,习作能力的培养不应是限制思维的过程,而应是一个开发思维的过程,本不应该存在约束的问题。关键还在于教师需要在"规范表达"和"个性化表达"之间找到一个平衡点。

裴:刚才您围绕"小学生习作能力培养"这个话题,简明扼要地梳理了习作教学的问题,阐明了您的观点,并给老师们提出了实施的建议,给所有有志于习作教学研究的同仁提供了有意义的借鉴。希望能有更多的同仁能就这个话题展开进一步的探索,从而促进习作教学的进一步提质增效。最后,请允许我代表广大读者谢谢您,感谢您与我们分享您的研究成果。

访谈嘉宾

张晨瑛,浙江奉化市教育局教研室小学语文教研员,浙江省特级教师。2013年3月获得浙江省首批正高级职称。34年教学生涯,出版《新课程小学语文教学论文撰写与例举》(与励汾水、陈树宝合作)、《小学语文教学内容指要——写话·习作》、《超能作文》(1—6年级)等教育作品,编写语文教师用书十余种,发表论文80余篇,十多项课题在省市获奖。在系统论观照下对语文教学形成三项主张,其中"基于习作核心能力"的习作教学体系构架研究,获大市优秀教科研成果一等奖,获浙江省教研课题一等奖,相关研究成果已结集出版——《新体系作文——基于能力的习作教学研究》(与李维勇、卓超波合作)。

施茂枝

小学写作教学的序列和模式

集美大学施茂枝教授长期潜心于小学语文教学研究，成果颇丰。近年来，又深耕小学写作序列和模式的构建，经实践检验，成效喜人。值《这样教写作不难——基于小学生心理特征的写作教学序列与模式》在高等教育出版社出版之际，施教授接受了我的专访。施教授畅聊了探索历程和研究成果，分享了他的研究心得。

研究的初衷是学生易写、教师易教

裴：施老师好，首先祝贺您的小学写作教学研究成果在高等教育出版社出版。之前，常在刊物上读您的论文，多为阅读或识字教学的研究成果，您是在怎样的背景下开始的写作教学研究探索？经历了怎样的研究过程？您说您研究的初衷是学生易写、教师易教，现在您感觉实现了吗？

施：我从1995年开始中途转道研究小学语文教学。识字是阅读与写作的基础，我的研究由此入手。我国小学语文课程一向以阅读为中心，我也将更多时间和精力倾注于此。随着不断向前的研究脚步，我国小学语文教学的真实面貌渐次在眼前展开，学生难写、教师难教的写作教学境况，不能不引起我的关注和思索。仅从新中国成立算起，这"二难"也困扰了小学语文教师数十年，身为小学语文课程与教学研究者，无法对此视若无睹。引领师生摆脱写作之困的煎熬，我视之为使命，必须在此有所为，即使不成功，也告诉后人此路不通，使之免受弯路之害，如果尸位素餐，则问心有愧，于是开始了长达十年的求索之路、深耕之作。

本书所呈现的绝不仅仅是对小学写作课程与教学一厢情愿的理想化设想。2008年，我开始系统建构小学写作教学序列的总体框架，以及每个学段习作教学的几大教学原则或操作要则。2010年之后，先后公开发表数篇系列论文：《确保教学与学生的适配——低年级写话教学应努力让孩子"易于动笔"》[《天津师范大学学报》（基础教育版）2010年第4期]、《确保教学与学生的适配——中年级应以观察习作为主》[《天津师范大学学报》（基础教育版）2012年第1期]、《确保教学与学生的适配——小学高年级习作教学要打好纪实习作之攻坚战》》[《天津师范大学学报》（基础教育版）2012年第3期]、《先写后教的异相与原理》（《语文建设》2013年第10期）、《构建写作教学序列要走第三条路》（《福建教育》2014年第18期）等，其中《先写后教的异相与原理》被人大复印资料《小学语文教与学》2014年第2期全文转载。它们共同标志着总体构想的完成。2013年在教育科学出版社出版专著《语文教学：学科逻辑与心理逻辑》，书中有一章专门呈现小学写作教学系列研究成果。随着研究的不断深入，在第一学段童话体写话、第二学段观察习作、第三学段纪实习作的序列下，建构了多个教学模式。这些教学模式在厦门市康乐小学、厦门市演武小学、厦门市湖里区教师进修学校附属小学、厦门市同安区西塘小学、厦门市康乐第二小学、厦门市思明区第二实验小学、厦门市集美第二小学、厦门市安兜小学、厦门市湖里区叶雪冰名师工作室等单位先后落地实施。本人常年深入实施现场听课，检验其中的操作要则和模式的合理性、实用性和可操作性。

原先的构想就像一颗颗种子，在实践沃土中生根，经过参与实施的教师共同浇灌、培育，已经开花结果。随着实践探索往纵深方向不断延伸，原有的构想不断深化和细化，操作性越来越强，现已衍生出系列教学模式群，经历实践验证、修正等多重打磨而趋于完善。

种瓜得瓜，种豆得豆。我无比欣慰的是，十年求索和深耕有了回报，学生喜欢写、容易写不再是遥不可及的梦想，而是眼前活生生的现实！

裴：我国中小学写作，小学长期处于无序状态。曾经有人探索出以写作知识序列为教学序列；而现行写作教材则依附于阅读，多数情况下单元人文主题序列即写作教学序列；您的教学序列则是第一学段童话体写话，第二学段以观察习作为主，第三学段以纪实习作为主，这是基于学生心理特征而构建。为何要以学生心理特征作为构建序列的依据？在每个序列下，您又构建了教学模式群，而不是建构单一模式，这又是基于怎样的考虑呢？

施：写作是主观能动的活动，是将思想情感外显为文字的活动。思想情感是源，居于第一位，语言形式是流，居于第二位。写作是写思维的，才有古人的意在笔先之说。学生喜欢什么？关注什么？学生思维经常在哪里？会到达哪里？这是我们必须优先关注的。教写作绝不能只专注于写法，也不能从写法入手，这违背了关于内容与形式关系的哲学基本原理，违背了写作的基本规律，也违背了教与学的基本关系。而完全依附于人义主题的写作教学序列实同于无序列，也不足取。多年来，我形成了这样的教学观：教学是学科逻辑与心理逻辑的沟通。专著《语文教学：学科逻辑与心理逻辑》就集中体现了本人的教学观：以生为本。以学生为主体，就是在教学目标的制定、教学内容的确定和教学措施的选择过程中，以学生身心特点为重要依据，把"为谁教"置于"教什么""怎么教"之上优先考虑。第一学段童话体写话，第二学段以观察习作为主，第三学段以纪实习作为主，这样的序列正是沟通教学观的产物。而这也是让学生易于表达的关键性因素。

为让教师易教，必须有可以复制的教学基本模式。但是单一的教学模式的局限性显而易见，所以，在童话体写话、观察习作、纪实习作底下，分别建构了多个教学模式组合而成的模式群。这也是"教学有法，教无定法"思想的又一佐证吧。

裴：施老师，您的小学写作教学研究历经十年之久，在一线课堂实施也长达九年。在这个过程中，一定有一些难忘的、对其他老师有启发的事值得与大家分享。我想问的是：您最难忘、感受最深的事是什么？

施：是啊，研究探索这么长时间，难忘的事特别多，比如从中看到成果实施的成效，又如从中再次体认到写作的规律。这里我分享三件事。

第一件是，一次到厦门市湖里区教师进修学校附属小学参加活动，此时，这所学校的周素梅老师运用童话体指导学生写话已经一年。她无意地谈起，学生经常围在她身边，追问什么时候写话。此话入耳，就如同这世间最美妙的音乐。此后，我亲眼见到这样的画面：学生写好话，摇着小手，争先恐后地要上台展示！不久前，我带着福建省农村教师素质提升培训班的一众人马到一所农村小学听童话体写话课，用的正是绘本写话教学模式执教《我会飞》，数十人耳闻目睹这一幕——课后一群学生围着老师，用稚气、童真的声音说："老师下节课还上吗？我还想上课！"学生爱上写话，期待着写话！这不正是我们多少代老师梦寐以求的事吗？

  第二件是，2016年11月1日，我和由我担任顾问的厦门市湖里区叶雪冰名师工作室全体老师参加福建教育杂志社主办、福州教育学院承办的教师培训活动，工作室成员陈步华老师代表工作室执教《生活的启示》。备课时，我们预计，这个年龄段学生写此类习作，最大的问题在于写不好事与理的联系，拟将此作为教学重点和难点。但教案在陈步华老师所在学校实施，让学生自己先根据教材中的训练要求独立试写，因该校学生主要为外来务工人员子弟，基础较差，先写的习作不仅没有写好事与理的联系，连事也写得未达基本要求，那么，教他们写好事则更符合学生的实际需求——为什么要在他们尚未学会走之前就揠苗助长地让他们学习飞呢？而活动所在的福州仓山小学是所名校，未经教师指导而独自写成的习作初稿大大出乎我们的意料，全部习作事的部分叙述具体，过程清楚，事与理的联系也无大碍——只有一个学生存在逻辑问题。亦即，不用老师教，学生就基本完成了合乎课程标准要求的习作，放弃后教，进行其他习作训练也是一种选择。但经过斟酌，我们决定再教，不过选择的教学内容是把启示部分写丰实一些，因为学生们普遍存在用感受代替"启示"或说理过于单薄的不足。尽管课标并无小学生写说理文的要求，但人教版小学语文教材安排了写读后感，而未来他们也需要大量写说理文，现在尝试写一些简单的说理性文字，可为未来写作做好铺垫；再者，后教时集中火力，专攻一点，经过针对性的指导，学生"跳一跳，可以摘到果子"。事实也证明，经过后教，问题得以解决，大多学生启示部分的说理性文字得到不同程度的深化。

  透过这些未经老师先教、学生独自完成的习作，我们赫然发现，通常老师教学本课确定的教学内容，投入的教学精力，对于学生完成本次习作，其实作用甚微。换言之，习作指导课上，老师费尽心力，往往做无用之功。

第三件是，我亲自设计了动物观察习作教案，让一线老师上课。在学生独立观察环节，我的设计是，学生独立观察视频里的小动物活动后，同桌之间互相演一演小动物的动作。在独立动笔阶段，我的设计是反复播放视频，学生需要时可以再次反复观察。由于初次实施，执教老师忘记了反复播放，但学生却出人意料地都比较完整而具体地写出小动物的活动。这是为什么呢？因为学生通过表演，充分体验、感受了小动物的动作，虽然画面转瞬而逝，但那些动作还在心里。这件事再次印证体验对于学习是何等重要！不仅对于所要叙写的习作内容学生要体验，对于表达方法同样也需要体验，所以在我们所有的教学模式里，杜绝一切空洞的写法或表达方法的说教，几乎所有的表达方法，都是在引领说与实践中进行点拨，或引导学生发现，或师生共同生成。

追求理论与实践的结合

裴：高校教师，包括从事教育教学研究的教师，一般将自己定位为学者，立志思考高深的理论问题，建构自己的理论系列。纵观您的研究，包括小学写作教学研究，都追求理论与实践的结合，致力于发现和解决实践中的问题，您为什么要这样做呢？据了解，这本书中的案例大多由您亲自设计，这又是出于怎样的考虑？

施：教育理论天生具有实践的秉性，如果不能直面实践问题，不能解决实践问题，即便是高深的理论，价值也打了折扣。或有人看轻实践研究的价值，或有人以为研究小学语文教学过于"小儿科"，但我始终认为，解决实践问题、研究小学语文教学同样需要学识和智慧。我原本就从事中学一线语文教学，这样的经历让我到了高校，依然更加关注实践问题。

我从事研究的目的，不是要告诉人们我曾经来过。在我心中有一个坚如磐石的信念：教学研究成果的真正价值不应是打开个人名利之门的钥匙，不应是职称晋升的敲门之砖，更不应是茶余饭后向人炫耀的资本，而应是在前人未曾涉足处留下足迹，为后来人指引一条实实在在的可行之路。所以，本书的每一种教学模式，都经过实践验证，多数案例都经一线老师执教过,证明可行而有效。这也是这些研究成果从研究开始到现在总结出书历经长达十年的原因。

"怎么教"是专业领域的隐形知识,虽然假以时日可以通过语言归纳总结加以显性化,但语言不是万能的,也就是说,显性化不可能彻底。这就是老师们落实我的构想时往往会打折扣的原因。我亲自撰写的教案则把"怎么教"直观呈现,通过这些案例,老师们领悟和执行设想就快捷得多。而我的一线教学经历,也让我拥有亲自设计教案的实践能力。从一定程度上说,正是这越来越多的案例,让越来越多的教学模式为老师们所认识和掌握,在实践中落地生根。

裴:施老师,您构想的多种教学模式都经过了实践检验,实践又给教学模式的建构带来怎样的反哺?您能具体谈谈吗?

施:我先谈一件事。几年前,具体哪一年已经记不太清楚,我指导一位老师教授"动作描写",让学生观看一段预先录制好的视频——一个男孩吃橙子的连续性动作,然后写下来。全体学生一道观察,教师加以细致指导,结果全体学生的文字如出一辙。我突然产生奇想而改变了做法,教师指导学生观察和口头表达男孩吃橙子的动作,学生迁移运用观察和表达方法,独立观察和书面表达女孩吃蛋卷的动作,结果学生都能顺利写下女孩连续的动作,而且文字并不雷同。后来我在建构观察习作的系列教学模式时,如法炮制,原是特定实践情境触发下产生的奇招却变成了常招。静物、动物观察习作,一律"导甲度乙",即指导学生观察和表达甲物,学生独立观察和表达乙物。景物观察习作则"导此度彼",即指导学生观察此时之景,学生独立观察和表达彼时之景。初次看到我们教案的人,往往很吃惊,也很担心,担心学生不会写,而经过我们反复实践充分证明,只要整个教学运用模式得当,这种"导甲度乙""导此度彼"的做法,切实可行,行之有效。

实践不仅是我研究的动机、动力,也给我提供了灵感和思路。至今,我们建构了13种教学模式,它们不是一起在书房里建构而成,而是经过了从无到有、由少而多逐步建构、逐步修正和完善的过程。这个过程中,实践发挥了重要作用。没有实践,就没有这些模式。

裴：这些年，原先较多出现于港澳台地区的绘本教学被引进来。一些语文名师的课堂时常出现绘本教学，部分一线教师也跟着尝试。您的绘本写话与他们的绘本教学有何不同呢？

施：在第一学段，我们构建了五种写话教学模式，其中两种模式利用了绘本资源。写话课可资利用的资源非常丰富。单就利用绘画写话而言，教师就可以自己作画或利用其他画，但我们利用的是公开出版的绘本，而且大多是名作。之所以这样，是因为名作具有经典性，"营养"丰富。我们是利用绘本教写话，不是教绘本内容，但绘本传递的思想，蕴含的人生体验，也可以随着写话训练的过程，润物无声地滋养学生的心灵。

当下，最常见的绘本课是阅读课，以读为中心，有些课也安排一些小练笔，但写只是读的附庸，就像阅读课中的小练笔一样。这种课其实是在教师指导下的课外阅读课，属于课外阅读的一部分，由于其文本的特殊性，视为国家语文课程的补充也未尝不可。有些名师的绘本课，其实是利用绘本开展语文综合性学习。多年前，我观摩过某位名师的绘本课后，曾指导一位学员撰写了《语文综合性学习也可以这样上》的小论文。我们的绘本写话课，虽然读写结合，却以写为目标，以写为中心，利用绘本资源培养写话兴趣，训练写话能力，是成色十足的写话课。

裴：第一学段，您所构建的五种写话教学模式，有四种以读写结合为基础。读写结合，往往与语言形式的模仿分不开，您不担心这样会扼杀学生的创造力吗？

施：如您所说，第一学段五种教学模式中有四种以读写结合为基础。这是因为儿童语言学习是从模仿开始，模仿是不可取代的途径。入学前，学生从模仿中习得口语；入学后，学生要发展书面语，最佳途径只能是阅读，读中学写，模仿是不二的途径。而倚重模仿，正是学生易写的根本原因之一。

新世纪课程改革开始，模仿被视为创造的天敌，是写作教学中不可触碰的"高压线"。这是对模仿的误解。模仿并不必然扼杀创造力。我们的模仿，是模仿一段话的架构，不是抄袭文字。阅读本书不难发现，我们本学段的所有教学模式，都追求学生表达的丰富性和多样性，在同一架构下，运用不同的语词进行表达，是模仿和创造的统一。实践也证明，只要模式实施得当，学生很少有文字雷同的现象。

裴：观察习作教学由来已久。苏联教育家苏霍姆林斯基就极力倡导初学写作阶段写观察习作，我国老一代小学语文名师于永正、贾志敏等在观察习作教学上积累了丰富经验。您的写作教学序列第二学段以观察习作为主，与他们的观察习作教学相比，有哪些创新之处呢？

施：观察习作不是我们的创造，但我们扬长避短，既沿着前辈指引的方向又站在巨人的肩膀上登攀，博采众长，努力创新。我们的创新表现在：第一，我们将观察习作置于第二学段。不是盲目地将观察习作仅仅作为回避教材中习作训练项目的替代物，而是有意识地将其作为小学写作教学系统中的有机链环。明确将此链环置于第二学段，又是基于学生身心发展的阶段性特征，是深思熟虑的产物。第二，我们在第二学段构建了静物、动物、人物、游戏教学模式群，以全面为第三学段纪实习作夯实基础。第三，在教学措施上也有诸多创新。如前所说的"导甲度乙""导此度彼"就是。还有，我们使用特制的范文，在"导甲"或"导彼"结束后，出示教师专门针对观察对象和引导过程的实际而撰写的范文，将引导过程中观察所得和表达方法，全部囊括其中。此外，不同的教学模式，其教学措施还有不同的创新。动物观察习作采用视频拍摄或剪辑动物活动的手段，景物观察习作采用"移花接木"的手段，都取得不俗的效果。

裴：近年来，小学习作教学中出现了一种教法，叫"先写后教"或"先写后导"。您的第三学段教学模式中有一种叫"问题解决习作教学模式"，也是先写后教，请问，有什么特别之处吗？

施：我的问题解决习作教学模式原先就叫先写后教。2013年发表拙作《先写后教的异相与原理》，2013年出版《语文教学：学科逻辑与心理逻辑》——书中涉及此种教学模式，那时仍叫先写后教。先写后教相对于先教后写而存在，而本学段现有三种教学模式，称其中一种为先写后教，从逻辑上看有瑕疵，故改其名，并非为了别于他人。不过，我们的先写后教与他人的先写后教或先写后导，有本质的区别：我们的模式的做法是，审读学生未经教师指导先写自我尝试的习作，找到关键性、普遍性问题，课上引导学生发现问题，探究解决问题的方法，尝试解决问题，再让学生发现自己习作的同类问题，运用学到的方法解决自己习作的问题。模式的核心是问题解决，但抓大放小，着力解决运思方面的问题，通过某一关键性问题的解决，提升小学习作质量或水平。至于语言方面的问题，我们并不着急，因为语言能力成长是长期累积的渐进过程，不在于一朝一夕，过去我们高密度大容量地进行改病句训练，虽然对于提高学生的语言能力有一定作用，但事倍功半，收效甚微。目前在国内影响较大的先写后教，则更多关注学生习作的语言，课堂上大部分时间在修改语病，比如"关联病""我想病"等。

怎么看待教学模式

裴：对于"教学模式"，人们褒贬不一，贬之者认为，教无定法，而模式意味着机械、套路和僵化，意味着对教师创造性的扼杀。您是怎么看待教学模式的？

施：教学模式是在一定思想或理论指导下为实现特定教学目标而设计的比较稳定的理论化、系统化、结构化、操作化、典型化的教学程序及其实施方法的体系。我们构建模式的初衷是让老师走出难教的困境，因为模式具有简明性、操作性和可复制的特质，老师们可以依样画葫芦，沿着他人已经成功的路子走，不仅极大降低教的难度，也少了摸索之苦。我们建构了系列可复制的模式群，实施的老师都认为，"研究成果简化、简单、简洁，可看、可学、可用"，这使成果真正落地，让学生易写、老师易教的梦想成为现实。

教学模式是稳定性和可变性的辩证统一，不应谈模式色变。经过几年的实践，我们发现，模式里的有些环节和教学措施是不能轻易改变的，一旦改变就会降低教学实效。比如，绘本写话教学模式A，第二个环节是师生合作讲故事，依照模式设计，讲述的是绘本中的故事情节，意图是让学生巩固故事情节架构，有些老师没有领会意图，改让学生想象故事发展，结果耗时很多，缩短了学生创编和动笔时间，影响了教学效果。再如，第一学段童话写话，所有模式都有引导想象的环节，按照我们的模式，教学时，要让学生根据一定情节要素想象，如果实施教师未掌握操作要领，没有强调那些要素，就等同于让学生的想象失去蓝本，其结果不是许多人设想的那样，减少了束缚，学生就会妙想迭出，文思泉涌，而是根本就寸步难行。此外，还要追求想象和表达的丰富性，遇到学生想象和表达雷同时，要巧妙而果断地将学生思路引开，使之开启不同的想象和表达，一旦犹豫、宽容，因从众心理作祟，雷同的情况就会大面积发生。

　　但模式自身又是可变的，变的依据主要是学情。比如，绘本写话教学模式A，如果绘本语言适合学生，第一个环节教师讲述故事时，可以讲述绘本原文，如果原文不适合学生，就要改造语言。教学环节也是可变的，有一件事，我永远都不会忘记。我们在厦门市演武小学第一学段实施创境写话教学模式：第一个环节创设故事情境，第二个环节引导学生生成故事的发展，第三个环节学生独立生成故事的其他可能发展，但第三个环节仍需教师适当点拨。半年后，一位老师为2年级执教《蚂蚁过河》。前两个环节以后教师就完全放手，不做任何指导，从课始到全体学生完成写话，用时20分钟，余下时间全部用来交流分享。几乎所有学生的写话字数在200以上，不少学生字数在300以上，用词非常丰富。这是因为该校学生基础好，又经过了半年时间创境写话的训练。

　　本书的每一种教学模式都有两个案例，一个用来诠释模式，一个在附录的案例阅读中，对照两个案例便可发现，模式既可以复制，同时也有一些微调。

　　以上所说是模式自身的可变。模式的可变还有一层意思，那就是不囿一式。我们的模式从无到有，从少到多，说明模式的可发展性和可生成性。至今我们建构了比较成熟的13种教学模式，假以时日，还可以有更丰富的模式。一句话，模式发展有无限可能性。我们对小学习作教学模式构建持开放态度，本书命名"这样教写作不难"而不是"这样教写作才不难"，就是不否认他人也能构建学生易写、教学易教的教学模式。

　　裴：那么，怎么把握变与不变？除了依据学情外，还要考虑什么因素？

　　施：如果老师们信任我们的教学模式，采用我们的教学模式，不仅要阅读我们的案例，还要阅读我们对教学模式的诠释，知晓每个环节的操作方法，并深知背后的意图。这样就可以游走于变与不变之间。比如，形式迁移写话教学模式，第二个环节是"阅读范本，暗取形式"，第三个环节是"改造语料，内化形式"——第三个环节的设计意图是让学生在迁移运用形式之前，有一个难度不大的尝试，有这道桥梁的过渡，便可减缓难度。但如果学生基础不错，或者迁移运用难度不大，就可以跳过第三环节，以增加学生动笔和交流的时间。也就是说，每个教学环节和教学措施都有针对性，所针对的情况发生了变化，教学环节和教学措施就应以变应变。

裴： 您的习作教学序列是第一学段童话体写话，第二学段观察习作为主，第三学段纪实习作为主。这个序列可以变化吗？每个序列各种模式先后次序可以变化吗？

施： 每个学段的数个教学模式不是任意排列，而是根据难易程度，由易到难递进。特别是第一学段和第二学段的系列教学模式，对于学生而言，有比较明显的难易之别。实施时，最好按照排定的顺序执行，但也不绝对，可以适当调整，而学情就是调整的主要依据。在多年实践中，我们发现，同样的教学模式，同样的教案，在基础不同的学生那里，难易不完全相同，甚至差异很大。如绘本写话教学模式A，在基础好的班级，1年级下学期就可实施，有的班级则需要在2年级上学期实施。有些农村小学，由于没有进行系统的写作训练，可以整体往后挪移。比如，可以将原先安排在2年级的写话教学模式，挪到3年级上学期实施，将原先安排在3年级的观察习作挪到4年级实施，以此类推。一句话，教学是学科逻辑与心理逻辑的沟通，相比于教什么和怎么教，应优先考虑的是为谁而教。

访谈嘉宾

施茂枝，集美大学教授、硕士生导师，福建省小学语文学科教学带头人，集美大学培训班首席专家。在《课程·教材·教法》《中国教育学刊》等各级刊物上发表有关语文教育的研究论文300余篇，2001年以来被人大复印资料全文转载20多篇。在教育科学出版社出版《语文教学：学科逻辑与心理逻辑》，在福建教育出版社出版《多维视野下的语文教育》《课例中的儿童本位理念——"有机教育"思想下的小学语文教学设计》《支玉恒语文教学艺术研究》等。

余映潮 在资料研究中提高作文教学水平

裴：余老师好！在中小学语文界，作为教学研究人员，您的实践精神也是为同仁们所赞叹。不论是阅读教学，还是写作教学，您都有比较深入的研究与实践。在写作教学研究方面，我知道您非常重视教学资料研究，所以我想请您谈谈中小学写作教学中资料研究的视点与方法。

余：谢谢您。我愿意谈谈自己的浅陋之见。

裴：谢谢余老师。我想，我们可以从三方面来谈。第一，谈谈什么是作文教学中的资料研究；第二，谈谈进行作文教学资料研究的视点与方法；第三，谈谈作文教学资料研究的重点。

余：很好。您一下子就突现出了我们谈话的核心内容。

什么是作文教学中的资料研究

裴：余老师，第一个问题，请您谈谈什么是作文教学中的资料研究。我首先想知道的是，您是怎样关注到这个研究话题的呢？

余：我在长期的教学科研中，非常关注对学生的"好作文"的研究。我认为，好作文是情感真挚的作文：写真事，说真话，抒真情，议真事；不说假话、空话、套话，不说平俗的话。

好作文，应该有独到的视点，有流畅的文笔，有雅致的语言，有新颖的角度，特别需要具有章法之美，能够从如下几个方面表现出精心的构思与表达：起笔收笔之美、叙议结合之美、详略有致之美、承接过渡之美、穿插点染之美、句式段式之美、细节描写之美、手法运用之美、结构俊朗之美……

裴：这些写作的要求，都需要有范例、范式的影响。

余：您说的极是。这就是我关注到作文教学资料研究的原因。

裴：那么就请您简要说一下什么是作文教学中的资料研究。

余：我以为，在作文教学中，利用中小学语文教材中的课文、中小学语文教材中作文训练点的设计、文学名著中的精彩篇章、作文教学专业书籍、日常报刊中的精美文章、中小学生优秀作文、考场满分作文等资料，对文章写作所进行的形式与手法的研究，就是作文教学中的资料研究。其好处是能从有关资料中提炼出精巧实用的句、段、篇的写作形式，能收集、整理、收藏大量的范文并欣赏其精妙之处，能从文体的角度，对写作技法进行综合的研究。

裴：真好。请您举例简说。

余：比如下面这篇短文：

阳　光

阳光像金子，洒满田野、高山和小河。

田里的禾苗，因为有了阳光，更绿了。山上的小树，因为有了阳光，更高了。河面闪着阳光，小河就更像长长的锦缎了。

早晨，我拉开窗帘，阳光就跳进了我的家。

谁也捉不住阳光，阳光是大家的。

阳光像金子，阳光比金子更宝贵。

它是人教版小学1年级的阅读课文，但经过抽象与提炼，可以发现它表现出来的是咏物类文章构思与表达的一种规律，即"先引出事物—再描述事物—最后托物寄意"的写作"三步曲"。小学语文课文中，《珍珠鸟》是这样；中学语文教材中，《紫藤萝瀑布》《荷叶母亲》乃至《白杨礼赞》也是这样，都表现出"三步曲"式的结构与手法的规律。这种规律一经点示给适当年级的学生,便可以让他们由一篇知一类,带给他们一定的语感与文感,从而能够在规律的影响下进行自由而比较规范的写作。

再比如下面这篇短文:

"放飞萤火虫"不可取

近日,四川成都某公园放飞萤火虫的活动吸引了不少市民驻足。当地某昆虫博物馆馆长表示反对,称这10万只放飞的萤火虫可能在三天到一周内全部死亡。

萤火虫对生存环境有严苛要求,捕捉、运输、放飞等违背自然规律的行为会危及萤火虫的生命。减少"放飞萤火虫"式活动,既需要一些机构克制名利冲动,也需要生活在钢筋水泥丛林中的人们多走出去看看。人道地对待动物关乎人的尊严和道德感,这种价值追求也是人性光亮和温暖的体现。

(选自《光明日报》2016年6月29日第2版,作者杨朝清)

这是报纸上的一则微型评论。此文的标题点出了作者明确的观点;正文由两个层次构成,第一段列举事例,第二段进行评说议论,表现出典型的一事一议的手法与章法形式,由此而显得表达规范、结构严密。

像这样由两个段落构成的微型短文的种类很多。比如新闻报道、景点介绍、作品简评、精短故事、寓言童话、读后随感等,将类似众多的资料进行整合,同样也表现出一定的结构形式和表达规律,让学生好学、好用。

裴:是的,"规律"二字很重要,作文指导教学,在"规律"的点拨上着眼,无疑是比较科学而高效的。我想,有研究能力的语文教师,都可以在此方面进行尝试,以发现更多、更实用的写作规律,以对学生进行有效、科学的指导。那么,现在我们可以开始第二个话题的交流了。

进行作文教学资料研究的视点与方法

裴：余老师，作文教学中的资料研究，应该是一种对写作规律与手法的提炼研究。您可以比较详细地谈一谈其研究的视点与方法吗？

余：好的，就我自己的一些粗浅研究体会来谈谈吧。

作文教学中的资料研究，主要有如下一些视点或者说是着眼点：

1. 一般记叙文的章法特点与大致规律的研究。
2. 一般说明文的章法特点与大致规律的研究。
3. 一般议论文的章法特点与大致规律的研究。
4. 与生活密切关联的写作能力训练，如"读后感""短评"的构思方法研究。
5. 某种特别有用的大众化的构思规律，如"横式结构"的研究。
6. 某种学生必须经历的写作训练，如"我的一天"的构思形式研究。
7. 中考、高考作文复习备考中的作文训练点的研究。
8. 文章特别部位，如"开头""结尾"的多种形式的提炼研究。
9. 文章特别手法，如"倒叙""插叙"的形式研究。
10. 各种段落结构及展开形式的研究。
11. 各种不同句式的表达形式及实际运用的研究。
12. 对现实生活中创新的短文构思形式与手法进行发现与研究。

……

裴：真是丰富多彩！如果我们用资料说话，从大量的资料中提取有用的写作指导的精华材料，教师就能有丰富的积累，学生就能有直观的范本。

余：是啊。因此我们的教学指导就能更加明确有效，能由随意而到严谨，由粗疏而至准确。如作文的起笔，我们常常给学生说"开门见山"的方法，但没有人给予这四个字以确切的阐释。在资料的研究中，我们可以说，"开门见山"原来是这样的：

直接入题。如："盼望着，盼望着，东风来了，春天的脚步近了。"
直接入情。如："白杨树实在是不平凡的，我赞美白杨树！"

直接入景。如:"一支弯曲的木橹,在水面上一来一回悠然搅动,倒映在水中的石桥、楼屋、树影,还有天上的云彩和飞鸟,都被这不慌不忙的木橹搅碎……"

直接入境。如:"我们在田野散步:我,我的母亲,我的妻子和儿子。"

直接入事。如:"我常坐老王的三轮。他蹬,我坐,一路上我们说着闲话。"

直接入物。如:"父亲的朋友送给我们两缸莲花,一缸是红的,一缸是白的,都摆在院子里。"

直接入论。如:"天时不如地利,地利不如人和。"

直接写人。如:"我与父亲不相见已二年余了,我最不能忘记的是他的背影。"

裴:由这则材料我可以感受到一定的研究方法了,那就是大量占有资料,进行写作技法的精心提炼,在整合的基础上发现一定的规律。

余:您概括得太好了。可以说,作文教学中的资料研究,最需要的是"专项研究"的方法。

裴:又得请您举例说明了。

余:谢谢。所谓"专项研究",就是视点小内容深、例证丰富而又不离学术的专门话题的研究。如刚才所说的"开门见山"形式的研究,就是"专项研究"。因为视点集中而材料丰富,就可以表现出规律或经验的普遍适用性。

其操作方法大致分为四个步骤:

第一步,对某种写作现象产生研究的兴趣;

第二步,有意识地大量积累同类写作现象的例文;

第三步,对所积累的丰富材料进行大致的分类;

第四步,在此基础上进行精华的提取或规律的抽象。

如下面关于"游记"写作的"专项研究",就是在积累大量课文的基础上进行的精华内容的提取,其"成果"能够大大超过我们平时的零散的见识:

《颐和园》:"移步换景"之法。其示范作用是点示整体构思的要领:游踪明晰,移步换景,景景相连——一处一处地写。

《观潮》:"游人不游"之法。它反"移步换景"之道,重点写景写物:游人定点观察,眼前情景变化——一时一时地写。

《长城》:"重点突现"之法。它呈现出特别的表达方法:略写一点游踪,着力一处景点,接着想象、议论、抒情——一实一虚地写。

《桂林山水》:"描绘画面"之法。它告诉我们这样写游记:总提分述,山水相连,优美抒情,巧用句式——一类一类地写。

《鸟的天堂》:"两次铺叙"之法。它前有铺垫,描叙大榕树,后有细化,写榕树上的鸟的天堂,呈现出美妙的构思技法——一抑一扬地写。

《山中访友》:"对物抒情"之法。它运用第二人称的方式,在移步换景之中对所见景物抒发喜爱之情,语言精美,画面优雅——一"幅"一"幅"地写。

《一滴水经过丽江》:"一线串珠"之法。它运用拟人自述的手法,将作者化身为一滴水,在流动之中表现丽江古今的美景——由"古"及"今"地写。

……

又如关于"我的一天"写作指导的研究,也是很有味道的"专项研究":

"我的一天"的构思指导,如果有下面的一系列的细节,那可真是美不胜收了:

第一种:按序简洁记叙,如《难忘的一天》。
第二种:详写一段过程,如《信任》。
第三种:展开对话瞬间,如《落花生》。
第四种:精心安排详略,如《掌声》。
第五种:大段议论结尾,如《钓鱼的启示》。

第六种：拉开时间距离，如《老师领进门》。

第七种：穿插景物描写，如《那片绿绿的爬山虎》。

第八种：运用插叙手法，如《窃读记》。

以上"我的一天"，表现出来的是"某一训练项目"，8篇范文，就是8种不同章法的结构形式。这种"专项研究"能够让我们将某项作文指导的细节研究做到极致，让学生得到角度灵动、形态多姿、表达优美的综合构思训练，并由此具备很强的变通、创新的表达能力。

裴：像这样的研究，既表现出学术性，又显现出实用性。那么我们可以谈谈第三个方面的内容：进行这样的研究，应该或需要突出什么样的重点。

作文教学资料研究的重点是什么

余：好。从我自己的研究体会看，我觉得有三个重点需要突显出来。一是对写作思维的研究，二是对写作范式的研究，三是对写作类别的研究。

裴：好。请细细道来。

余：所谓"写作思维"，就是从大量文章中表现出来的表达习惯及表达规律。对写作思维的研究，可以帮助我们解决写作规律方面的一些问题。

如"起承转合""先总后分"就是写作思维。在我的研究中，"三"是一种写作思维，"四"是一种写作思维，"叙议结合"是一种写作思维，"横式结构"是一种写作思维，"春夏秋冬"是一种写作思维，"山水相依"是一种写作思维，"宕开一笔"是一种写作思维，"抒情句反复穿插"是一种写作思维……寻觅到写作思维的规律，发现了写作思维的形式，我们指导与训练学生，就能首先达到"规范"的要求。

下面是关于"三"的写作思维的简单描述：

层波叠浪三次反复

三次反复，是将同一类事情写三次，逐层变化、深化，以形成故事的主体内容。运用这种思维方式写童话、寓言故事，是比较常见的手法。

如《赫耳墨斯和雕像者》，运用了三次对话的方式推动故事情节的发展；《七颗钻石》，运用了写铁罐三次变化的方法来表现故事情节的曲折有致；《女娲造人》，写了女娲造人的三种方法。甚至神话中都有用"三写"来表现人物的：极度干渴的夸父，先饮于黄河，再饮于渭河，最后欲往北方的大湖去饮水。

看看安徒生童话《皇帝的新装》中的"三写"：骗子说过，任何不称职的或者愚蠢得不可救药的人，都看不见这衣服。这让皇帝的心里感到有些不大自然，他想派人去看看工作的进展情况。于是有了三次反复。

……

运用"三次反复"的方法，能够更加深刻地表现人物，表达出故事"纡行"的美感，使故事表现出或轻波微澜、或层波叠浪的情节特点。

在文学作品中，"三次反复"也是一种具有文学意味的手法。

难怪苏霍姆林斯基在《致女儿的信》所引用的童话中，也让上帝三次来到充满爱意的人间。

拓开我们的眼界，还可以看到更多有趣有味的"三"：

一个人物，三个故事；前后中间，三层描叙；叙说故事，三写对话；一个故事，三个人物；叙议结合，三次叠加；咏物抒情，三步到位；美化细节，三写情景；立论论证，三用论据；评述评议，常说三"境"；发表意见，三个观点……

裴：可谓有趣有味。用资料说话，在资料研究中进行发现，能够大大提升我们的教学科研能力。

余：是的。下面我说说写作范式的研究。

对写作范式的研究，可以解决规范地具体地进行作文指导方面的一些问题。

对于日常作文教学中的谈话式教学，我以为效果不怎么好。作文指导教学，比较好的方法是"范文引路"。"范文"所表现出来的，是规律，是经验，是意美、语美、形美的高效濡染。"范文"正是因为表现出构思写作的规律而具有示范性。如下面这篇文章：

父亲的三句箴言

父亲是位农民。他幼年失怙，家中贫穷，没有上过学，因而目不识丁。幸亏，"生活是本无字书"，他从生活中汲取了诸多人生经验和生活智慧，令我至今记忆犹新。

30多年前的一个冬夜，父亲有事出门，母亲睡在牛屋里看牛。半夜里，窃贼把牛屋的后墙掏出一个大洞，偷走了牛。那时，牛是农家的"半边天"，耕地打场都指望着它。这下"半边天"塌了，母亲自责得吃不下饭。父亲回来，不但没怪她一句，反而微微一笑安慰她说："不要气。大风刮走鸭蛋壳，财帛去了人安乐。"后来，父亲借钱又买了一头小牛。

曾经，我家和二叔家共住一处老宅子。后来分家时，应一人一半，但二叔蛮不讲理地霸占了大半。父亲不和他争，母亲责怪他窝囊，他却淡淡一笑："不要争。争名夺利是枉然，临死两手攥空拳。"过了几年，二叔因为和他儿媳妇争一点儿菜地，气出了脑溢血，匆匆离世。

那年，父亲从集市上买回一棵核桃树栽在院子里，栽好之后摸着我的脑袋说："桃三杏四梨五年，枣树栽上就卖钱。等着这棵核桃树给你结核桃吃吧。"可是，我在树下眼巴巴地盼望了好几年，却仍然一个核桃也没结。听人说，核桃树有公母之分，母的结果，公的不结果。年年失望惹得我一肚子怒火，我拿着一把锯子对父亲说："这棵核桃树是公的吧？还不如锯掉算了！"父亲拿过我手中的锯子，呵呵一笑："不要急。天地从容，万物从容。"

我只好耐着性子又等了一年，它终于结出许多青青圆圆的核桃。秋天，核桃成熟了，敲破果壳，吃着清香的核桃仁，我想父亲的话是对的。天地从容，万物从容，人也要从容。

如今，闲暇时，我爱细细品味父亲的这三句箴言。"不要气"，他教我做一个豁达乐观的人；"不要争"，他教我做一个宽容厚道的人；"不要急"，他教我做一个镇定从容的人。这三句箴言，虽然简短，却意义深远，每一次品味都促我反躬自省，让我受益匪浅。

（选自《光明日报》2013年6月26日第12版，作者郑传省）

这篇文章表现出"三"的写作思维。用三件小事写了一位父亲的一生，取材虽然平常但角度精细。全文思路明晰，层次井然，照应生动，叙议结合。这篇文章表现出一定的构思规律，对于指导中学生写"多事一人"的文章，是很好的范文；换个角度看，也是中考复习中学生必须经历的一个作文训练点。

范文的提取，小学语文教材是首选。小学第一、二学段的课文，往往是第三学段乃至第四学段的作文范文。

如人教版4年级下册的课文——杏林子的《生命　生命》：

生命　生命

我常常想，生命是什么呢？

夜晚，我在灯下写稿，一只飞蛾不停地在我头顶上飞来飞去，骚扰着我。趁它停下的时候，我一伸手捉住了它。只要我的手指稍一用力，它就不能动弹了。但它挣扎着，极力鼓动双翅，我感到一股生命的力量在我手中跃动，那样强烈！那样鲜明！飞蛾那种求生的欲望令我震惊，我忍不住放了它！

墙角的砖缝中掉进一粒香瓜子，过了几天，竟然冒出一截小瓜苗。那小小的种子里，包含着一种多么强的生命力啊！竟使它可以冲破坚硬的外壳，在没有阳光、没有泥土的砖缝中，不屈向上，茁壮生长，即使它仅仅只活了几天。

有一次，我用医生的听诊器，静听自己的心跳，那一声声沉稳而有规律的跳动，给我极大的震憾，这就是我的生命，单单属于我的。我可以好好地使用它，也可以白白地糟蹋它。一切全由自己决定，我必须对自己负责。

虽然生命短暂，但是，我们却可以让有限的生命体现出无限的价值。于是，我下定决心，一定要珍惜生命，决不让它白白流失，使自己活得更加光彩有力。

这篇课文，开门见山，一句话引出话题，接着撷取生活的实例，用叙议结合的方法展开，收笔照应全文。全文脉络清晰，结构单纯，顺序合理，情趣盎然，我将其构思方法命名为"叙议结合、叠加反复"，指导初中的学生学习这种构思技法，颇有效果。

对课文中范文的提取研究，扩大了教材的应用面，可以让我们发掘出让人意想不到的奇珍异宝。如我的一次关于"线索"的发现：

《孔子学琴》：师襄为线索，一事多阶段；《左公柳》：导游为线索，多事写一人；《倾斜的伞》：雨伞为线索，展开两故事；《钓鱼的启示》：月色为线索，串故事细节；《珍珠鸟》：小鸟为线索，展生动画面；《莲叶青青》：莲叶为线索，写人物性情……

再如一些有趣的发现：

童年色彩《从百草园到三味书屋》：从一个地方写到另一个地方。

少年世界《走一步，再走一步》：从细腻的"叙述"写到大段的"议论"。

生活感悟《生命 生命》：叙议结合，少叙多议，反复进行。

怀念亲情《背影》：从略写到详写，从记叙到抒情。

往事依依《我的老师》：铺垫，铺垫，再铺垫，然后铺叙高潮部分。

青春抒怀《行道树》：拟人自述，警句穿插。

歌吟山水《三峡》：春、夏、秋、冬，一种表达的思维。

奇美镜头《小石潭记》：移步换景，镜头特写，融景于景。

……

裴：您的这些发现与提炼发人深省，我的感触很深。这表明我们对作文范式的研究，对阅读教材与写作的关系的研究，都还需要深入地、多角度地进行。好，请您谈谈对写作类别的研究。

余：对写作类别的研究，可以解决开拓训练视野方面的一些问题。目前义务教育阶段的作文教学研究，在写作类别上，视野还显得比较狭窄，往往只是按照教材规定的训练点组织"大作文"的写作训练，或者只是让学生写写日记。

其实从学生适应未来社会和生活需要的角度看，从学生的写作能力的全面发展来看，我们还需要对学生学习写作的类别进行探究。不少让学生终身受用的写作训练目标还没有进入我们的视线，例如微格简叙、凡人趣事、观景短文、微型报导、随感随笔、图书短评、微型说明、袖珍议论、人物写真、活动报道、事物短论、知识趣说、精短时评、活动侧记、读书笔记、新闻采访、人物小传、工艺说明、发言摘录、简明统计、活动综述、科普微文甚至节目串词等，都是可以依凭丰富的资料进行一些研究的，这里我就不再展开了。

裴： 真是越听越有味。进行作文教学方面的资料研究，是一种积累研究，是一种发现研究，是一种创新研究，它需要毅力，需要坚持，需要心有所系，当这种研究有了一点发现，有了一点在发现基础上的教学实践，那一定是一种很幸福的感觉。

余： 确实是这样，我在坚持这方面的研究，同时也在进行着教学实践。

裴： 余老师，您的"在资料研究中提高作文教学水平"的话题，表现出一位教研工作者、一位务实的教师的独到的研究视点与研究方法，给我们很大的启迪。希望您的这种研究角度与方法能够影响到更多的语文教师，也希望更多的一线语文教师在作文教学资料性研究方面创造出新颖丰富的成果。

访谈嘉宾

余映潮，著名中学语文特级教师，中国教育学会中学语文教学专业委员会学术委员会副主任、名师教研中心主任，知名中小学语文课堂教学艺术研究专家、教师培训专家，创建了全新的"板块式、主问题、诗意手法"阅读教学艺术体系。曾被张定远先生誉为"中青年语文教师课堂教学艺术研究的领军人物"。已在各类专业报刊上发表各类教学文章1700余篇，出版了《中学语文教例品评100篇》《怎样学语文》《余映潮阅读教学艺术50讲》《余映潮的中学语文教学主张》《这样教语文——余映潮创新教学设计40篇》《致语文教师》《余映潮语文教学设计技法80讲》《余映潮中学语文精品阅读课教学实录》《余映潮中学语文散文名篇教学实录及评点》《余映潮中学语文古诗词教学实录及点评》《余映潮文言课文教学实录及点评》等17本专著。

第三辑

写作教学创新

邓彤

从宏大到微型：写作教学范式的重大转型

裴：邓老师，您好！您在中小学写作教学方面颇有研究，您的博士论文《微型化写作教学研究》，得到许多专家的好评，也受到一线教师的欢迎，今天我想请您谈谈有关微型化写作教学方面的问题，不知您是否方便？

邓：好的。您想从哪些方面提问呢？

裴：我想请您分成三个子问题来谈。一是您所说的"微型化写作教学"究竟指的是什么？它和目前的"微写作"是一回事吗？二是您为何提出"微型化写作教学"这一概念？三是如何有效开展微型化教学？

邓：您这三个问题非常好，基本涵盖了许多老师对"微型化写作教学"这一概念可能产生的各种疑问，我们就按照这三个子话题的顺序展开来谈吧。

"微型化写作教学"究竟指的是什么

裴：邓老师，您所说的"微型化写作教学"究竟指的是什么？

邓："微型化写作教学"这一概念，主要是针对以往写作教学总喜欢"贪多求全"这一现象而提出的。"微型化写作教学"本质上是一种基于学生写作学习需求而开展的教学行为。一般来说，它通常具备如下三大特征：其一，基于学生的学习需求确定教学目标；其二，教学目标与教学内容的微型化；其三，为学生的写作学习提供微型化的学习支架。

裴：请您详细谈谈。

邓：我们知道，写作是一项高度复杂的综合性活动，这一活动要涉及多方面的知识和能力。正因为如此，长期以来，写作教学就致力于构建一个规模宏大且严密复杂的知识体系，试图应对复杂的写作活动。

裴：从逻辑上看，这样的思路似乎没有问题呀。

邓：应该说，这样思考问题，方向是对的，写作教学当然要符合写作自身的特征。但是，这一思路忽略了一个关键性的问题：写作固然要涉及多方面的知识和能力，但具体到特定的写作学习者，严密复杂的写作知识就没有必要，甚至有害。因为学习者并不是带着"空瓶子"一样的头脑前来学习写作的。在母语学习背景下，学生是怎样走进写作学习情境中的呢？在写作学习之前，学生头脑中显然不是"白茫茫一片大地真干净"，而是包含着他们的生活、写作经验，同时还有各种知识参与其中。

因此，合宜的教学就必须充分了解以下情况：为了完成一个写作任务，学生已经具备了什么知识能力？学生还需要哪些知识能力？学生已经具备的知识，教学中可以略过或淡化；学生迫切需要的知识，则需要教师通过教学让学生学习，最终内化为其写作能力，从而不断提升其写作水平。

我所说的"微型化写作教学"就是：在写作教学中，不必（也不可能）追求教学目标和教学内容的面面俱到，而应该聚焦学生写作学习的核心困难，确定一个具体的学习目标，然后围绕这一目标选择核心知识，解决要害问题。在这个意义上，微型胜过宏大。因为"小"，教学才更加聚焦，才更具有针对性与实效性。

裴：但是，事实上，学生在写作学习过程中遇到的往往不止一个困难，如果学生面临许多困难，我们该如何对待？

邓：这个问题非常好。是的，学生在写作中确实会遭遇许多困难。但从学习有效性的角度看，希望学生在有效的课堂时间内同时解决许多困难是不可能的。写作学习是一个长期的过程，不是一锤子买卖，不可能毕其功于一役。所以，即使学生在写作学习中存在许多困难，在教学中，也应该暂时悬置其他困难，以便集中精力对当下主要困难加以"各个击破"。

写作本质上是一种实践行为，其特征是通过"运用知识"开展写作，而不是通过"识记知识"开展写作。为了让学生真正形成写作能力，重要的写作知识必须高度简约，这样才便于学习、运用与内化，而过于宏大繁多的教学内容则可能使得写作学习变成简单"识记"写作知识。

正是基于上述考虑，我提出了"微型化写作教学"这种目标单纯、内容不多，便于学生在较短时间内学习内化的写作教学范式。

裴："微型化写作教学"有如下基本特征：基于学情，规模小，容量少，主题单纯，目标清晰，针对性强，有操作性。我可以这样概括您的上述阐释吗？

邓：您的概括非常准确。

裴：还有一个问题，您所说的"微型化写作教学"和目前的"微写作"是一回事吗？

邓：二者完全不是一回事。关于"微写作"，目前还没有一个明确的界定。一般认为，"微写作"与微博、微信等自媒体平台密切相关，这个意义上的"微写作"指的是人们在自媒体上发表的一些碎片化"语段"，其特点是短小、灵活，具有即时性与交互性的特点。2014年，北京将"微写作"纳入语文高考中，"微写作"因此成为语文教学领域的"热词"。但是，这个意义上的"微写作"主要区别于以往的"大作文"，具有角度小、篇幅短、形式自由的特点。

上述"微写作"和我所主张的"微型化写作教学"是有根本区别的。

第一，出发点不同。

我所主张的是一种"教学范式"，它立足于教学论层面，是针对传统的系统化写作教学范式而提出的一种教学范式，其目的是：通过微型的教学目标与内容，高效地"教"学生学写作。

至于"微写作"，主要是一种"写作方式"，是基于网络交际或考场检测需要而开展的写作行为，其目的是：通过写作微型"语篇"，快速完成一定的交际或测试任务。

第二，行为主体不同。

"微型化写作教学"的主体是教师，是教师的教学行为；"微写作"的主体则是写作者，是作者的写作行为。

第三，表现形式不同。

在"微型化写作教学"背景下，学生最终形成的写作成果是丰富的，可能是短小的微型"语篇"，也可能是长篇大论（更多情况下）。例如，我们曾经开展的创意写作"微型化教学"，学生最后创作出的是长篇小说。

而"微写作"最后的成果一定是"短、平、快"式的语篇。

裴：好的，邓老师。关于这个问题，您的上述观点我若这样加以概括——微型化写作教学是针对系统化写作教学而提出的一种教学范式，它不主张面面俱到，而是聚焦学生的实际困难，为学生写作学习提供针对性的学习支持，致力于逐个、逐级提升、完善学生的写作学习能力；在此基础上，您又进一步将"微型化写作教学"同与之字面意思非常相似的"微写作"概念作了一番区分——可以吗？

邓：可以。谢谢。

"微型化写作教学"这一概念有何意义与价值

裴：提出"微型化写作教学"这一概念有何意义呢？您曾经考察过我国二十世纪百年写作教学史，请您从我国中小学写作教学的历史维度，谈谈这个问题。

邓：好的。我尽可能简单地勾勒一下轮廓。我研究中国现代写作教学之后发现，我国现代写作教学有一个共同的企图：建构一个序列化的写作教学体系。

自1922年现代教育家邰爽秋首先提出"科学化的国文教授法"的设想后，我国现代语文教育先驱便不断倡导语文科学化："为促进学生的国文进步起见，国文教授有大大注重法则的必要；妄用点时髦话来说，就是国文教授的科学化。"类似声音一直延续到二十世纪八九十年代，张志公先生多次强调要建立具有"明确而合乎科学的序，以保持知识的连贯性、渐深性，使教学做到循序渐进、环环相扣，步步深入"的语文教学体系。到二十世纪八十年代，我国写作教学已经基本建立起一套基于"三大文体"的写作知识系列。这套知识体系在当时"科学化、序列化、逻辑化"思路下不断完善，并结合八十年代引进的"标准化"测试，渐渐定型为一套具有知识点、能力点、训练点的严密的"双基"体系。

但是，写作教学现状如何？是否因为这套知识体系的建立得到较大的改变？事实上，人们对写作教学效果的不满依然如故。

我们究竟应该怎样看待人们致力于追求规模宏大、系统周密、序列分明的写作教学范式？对照目前写作教学的实际状况，我们有理由追问：写作教学需要一个宏大并且严密的体系或者序列吗？

1978年，英国的伯恩斯坦从知识的"类别"与"框架"两个维度来分析学科的结构。他指出，数学学科之类的知识具有高度抽象化符号的性质，学科知识之间彼此是闭锁的，需要靠一定的逻辑予以综合，这类学科可以称为"收束型"学科；而社会学科一般以活动与经验为基础，学科内容彼此间是开放的，可以谓之"统整型"学科。不同类型的知识进入教学中后，如果完全由教育者强制性授予，则该教学为"强度框架"起作用的教学，这类教学具有严格甄别学生学力的倾向；如果选择、组织知识较为自由宽松，则谓之"弱度框架"的教学，这类教学具有容许学生个别化学习的倾向。

写作在总体上属于社会学领域，依据伯恩斯坦的分类，写作应当属于"统整型""弱度框架"学科，因此写作相关知识一般不具备严密的序列。

另外，从写作学习者角度看，写作学习具有强烈的个性化特征，学生的写作学习不是零起点，通常只是在某些方面存在某些不足，因此，我们不能把所有的知识一股脑儿倒给学生，而应该依据学生的实际需求，有选择地提供给学生。

提出"微型化写作教学"，其根本意义在于：教学有其自身规律，写作教学如果刻意追求知识的序列化、体系化，结果很可能适得其反。既然我们无法预先设计一套知识按知识的序列教给学生，那么，适应学生发展的教学范式，就必须依据学生的发展需求，为学生量身定制。

"微型化写作教学"的价值可以借助目前在国际上流行的"教育超市"这一隐喻得到较好的阐释。该隐喻认为，学校所提供的各类教学，应该像"超市"中的商品一样，追求的是"实用"，是为了满足消费者的需要，而不是为了追求"系统性"与"丰富性"。

裴：您刚才简要勾勒了我国写作教学发展的历史，从目前实际情形看，这一套追求系统化的写作教学体系确实没有取得应用的效果。您随后又从写作自身和写作学习者这两个不同角度阐释了写作教学不必追求系统化的依据。另外，您是语文教研员，经常深入中小学语文教学一线，对中小学写作教学非常了解，请您从我国中小学写作教学的现实维度，再谈谈这个问题。

邓：我多次到课堂听老师上作文课，发现有两个非常显著的特点。其一，许多一线教师，总是雄心勃勃地试图构建一个写作教学"体系"或者是"序列"；其二，具体到一堂课上，老师们面对学生写作中存在的各种问题经常是面面俱到，企图通过这一节课一揽子解决写作学习问题。

其实，上述两个特点都具有一个共性特征：企图编制一套预设的教学方案，应对千差万别的学生。

裴：可以举一个例子加以说明吗？

邓：好的。例如，我曾经听过这样一堂写作课。教师预设了如下教学目标："指导学生学会写作记叙文"。为此教师从如下四方面对学生的记叙文写作加以指导：（1）寻找更好的材料；（2）材料的组织安排；（3）学会"折腾"；（4）不断完善细节。

我们说，这样的教学就违背了"微型化写作教学"的基本范式，而染上了"系统化"之"胎毒"。

显然，如果单从记叙文写作本身来看，上述四个方面都是必不可少的。记叙文写作确实需要精心选择材料，也需要认真组织材料，还需要在叙事过程中巧妙安排设计故事情节结构，同时为确保叙述的生动传神，也少不了进行一番细节描写。

问题在于：在一堂仅有45分钟的作文课堂上，教师将上述内容一股脑儿教给学生，是否就能够使学生发生真正意义上的写作学习？是否能够有效内化为学生的写作能力？如果不能，那么，这堂写作课不过是介绍了一番记叙文的写作知识而已。

"微型化写作教学"完全不是这样。它聚焦学生某一方面的主要问题，而暂时放过其他问题。

例如，某班学生在写作中多数存在"平铺直叙"的问题，也有部分学生不善于"细节描写"，更有少数学生只会简单堆积材料。对于上述学生的写作困难，教师在教学中，只需要针对其中一个相对普遍的问题——"平铺直叙"开展针对性教学。而对于其他困难，则可以暂时悬置，不予处理。这就是对教学目标做一番微型化处理。

确定了"微型化目标"后，教师进一步据此开发写作教学内容，例如，指导学生如何采取"倒叙、插叙"的方式组织情节，如何通过设置"悬念"的方式激发读者兴趣……并且，在"设置悬念"的过程中，如果又发现学生在"悬念"设计当中存在其他问题，例如，不注意前后的伏笔与照应，这时还需要针对这一问题进一步设计新的"微型化写作教学"方案。

如此蜿蜒而下，最终形成一个写作教学"群落"。这个"群落"当然有它自身的结构与体系，但是，这个体系并不是预设的，而是在解决学生一系列问题基础上最终自然形成的。

裴：原来如此。您的意思是说："微型化写作教学"有一个重大转向，就是从关注写作知识的序列转为关注学生写作的困难。教师必须通过研究学生的写作行为和写作样本来了解学生写作学习中所遭遇的实际困难并设法予以矫治。由于学生的写作困难通常只是局部的，又由于解决学生的写作困难注定无法毕其功于一役，因此，微型的写作知识就成为改进学生写作状态的较为合适的选择。最后，再请您用一两句话说说"微型化写作教学"的价值。

邓：您总结得很好。"微型化写作教学"的价值，一言以蔽之，就是：这一教学范式既有利于促进学生的写作学习，也有利于改进教师的写作指导，尤其适用于时间有限的课堂写作学习与教学；在某种程度上，还便于开展教师写作教学培训活动。

如何有效开展"微型化写作教学"

裴：您的看法很有道理。接下来，我想请您谈谈如下两个问题："微型化写作教学"基本元素究竟有哪些？如何有效开展"微型化写作教学"？

邓：了解"微型化写作教学"，需要分析如下四个主要元素：目标、内容、支架、组织方式。

"微型化写作教学"关注学生的写作需求，以促进学生写作能力发展为目的，它不注重写作知识自身的系统性，而注重是否满足写作学习者的学习需求。

1.写作学习目标。以对写作学情的分析为起点，了解学生写作学习中的具体需求，在此基础上确定写作学习目标。学生写作学习过程中的困难与障碍一旦具体化、明确化，就可以转化为教学设计的基本目标，这就构成了写作教学中的目标。

2.写作学习内容。写作教学内容可分为知识化内容与活动化内容两大部分。开发写作教学内容可以从如下两大维度着手进行：一是依据目标，借助"分解、揭示、提炼、选择、开发"等策略，开发写作教学内容。二是依托写作课程与教材开发能够满足学习者需求的内容。

3.写作教学支架。教学支架贯穿于写作学习的全程，大致可分为接收支架、转换支架和评价支架三类。设置写作教学支架的方法有二：一是"分化"，就是将关键性写作知识作为写作教学内容来处理，然后将另外一些辅助性内容知识作为"教学支架"来处理；二是"简化"，就是对一些无法切分的写作知识做减少复杂性、降低难度的处理。

4.写作课堂的组织方式。微型化写作课堂的组织方式是多样化的。

一节单一的写作教学课堂，我们称之为课元，典型的课元包含四个要素：目标、知识内容、学习活动、教学支架。这些要素之间具有不同的组合方式。

若干课元之间也存在多种组合方式，我们称之为课族，众多的课族最终构成多种多样的写作教学形态，这些形态大致有如下四种：散点式、连锁式、辐射式、网络式。

如欲详细了解这些内容，请参见我的博士论文《微型化写作课程研究》，以及由上海教育出版社出版的拙著《微型化写作教学研究》。

裴：通过您的阐述，我们明白了"微型化写作教学"的四大要素。请问,如何在教学中获取这些要素并有效开展"微型化写作教学"呢?

邓:微型化写作教学以学生的写作问题为基本的教学单元,此处的"单元"概念有别于现行教学结构中的单元,它不是根据学科知识及逻辑体系来划分的,而是根据学生的问题及需求来编订的。

要进行"微型化写作教学",需要做到如下几点。

第一,分析研究学生的写作学情,确定"微型化写作教学目标"。

"微型化写作教学"之"微",首先体现在目标的微化。"微型化写作教学"以解决学生写作实际困难为最大诉求,而不求面面俱到地传授写作教学知识。在教学中,多数学生普遍遇到的困难是写作教学的主导目标,少数学生所遭遇的主要困难则构成教学的分支目标。

在此过程中,教师对学生习作的分析显得至关重要。教师必须在学生作文中仔细甄别其中关键性的问题所在,并对问题进行微化处理,使得问题具体化、明晰化,最终形成指向具体、明确的微型目标。许多优秀教师的写作教学都非常关注研究学生的写作困难并据此设计自己的写作教学。

例如,江苏特级教师管建刚认为作文教学最务实的做法就是认真批阅学生作文,依着学生作文的实际情况,找出问题,再指导或训练,他称之为"作后讲评"。有效的写作教学都是基于学生的实际问题展开的。

确定"微型化写作教学目标"的基本渠道是分析学生写作中的主要困难。确定"微型化写作教学目标"的基本方式则有如下几种:(1)分析学生作品;(2)同侪会诊学生写作问题;(3)通过访谈了解学生的思维误区。

目前我们对导致学生写作困难的种种因素的分析研究还相当缺乏。教师的写作教学指导通常不是基于学生的写作困难,而是将写作学或文章学理论直接搬运到写作教学中。也有教师只是呈现一组范文让学生不明就里地盲目仿作。这些完全脱离学生写作学情的写作教学注定无法满足学生写作学习的需求。当然,也有教师能够关注写作学情,但由于缺乏写作学情意识并且也缺乏写作学情分析工具,因此教师低估、高估或错估写作学情的现象并不少见。

第二,开发"微型化写作教学内容"。

写作教学内容兼有"大空间"与"小世界"两种属性:一方面,随着写作教学研究的不断深入，写作教学内容在不断递增，这使得写作教学越来越成为难以掌握的巨大知识空间（大空间）；另一方面，每位写作学习者在实际写作中所能够有效应用的写作知识资源只是一个有限的小世界。在广大的知识空间与实际运用的小世界之间，迫切需要进行有效的联通，否则，诸多写作知识资源对学习者而言就如同信息的"汪洋大海"，最后会淹没写作者。

从实际需求来看，那些游离于学习系统之外的，没有与学习者需求相联结的教学资源通常是缺乏实用价值的。因此，提升学习资源实用性就必须与特定的学习者需求相捆绑，从而把学习资源和学习者联结起来，实现易沟通、自组织、可持续的"小世界效应"。这就是写作教学内容微化处理的基本理据。

语文教师的专业能力表现在如下层面：他在明确学生的写作困难之后，能够确定解决这一困难的合宜的知识，并且能够将这些知识转化为学生易于接受的明确的知识和具体的例子，借此创生诸多有效的写作教学内容。参照目前微型学习研究的成果，写作教学微型内容的开发大致有如下基本路径：直接利用或改造已有资源；分解或抽取巨型内容；由统一了消费者和生产者身份的特别角色创建生成。

关于开发微型化写作内容的具体做法，我在《微型化：写作课程范式的转型》一文中有详细阐述，读者可以参阅。（原文刊载于《课程·教材·教法》2013年第9期）

第三，设计"微型化写作教学支架"。

我国中学写作教学课堂上一般有写前指导，也有写后讲评，但在最为关键的写作过程中，教师的指导却经常阙如。在"微型化写作教学"设计与实施过程中，教师必须扮演教学设计者、教学内容呈现者和写作学习帮助者等多重角色，教师必须根据写作学习的需要为学生提供不同形式的支架，为学生的写作学习创建"有援"的学习环境。

"支架"一词是以建筑工程中使用的脚手架做类比，用来描述促进学习者从被动学习走向独立学习的工具。支架理论认为：儿童能力的成熟是不同步的，那些还没有成熟的能力不能参与问题解决，因而教师提供的支架有助于使学习者借助支架完成任务。

裴：谢谢您详细阐述了"微型化写作教学"的要领。您认为，国内有哪些专家、学者、名师关注过您的这项研究，他们的哪些著述对您产生过影响或启示？

邓："微型化写作教学"范式研究主要基于我的博士论文。从论文的选题到随后研究直至最终定稿，我的导师王荣生教授都为之付出了许多精力与心血。他认为"微型化写作教学"是写作教学改革的一个方向，我的这项研究可能具有突破性的价值。只是由于我个人研究水平所限，这一研究尚未达到导师所期望的水准，尚需不断加以完善。

此外，本研究还得到李海林教授的全面指点与热情鼓励。记得在我博士论文初稿始成，李海林教授就逐句逐字通读了我这篇20万字的不成熟的论文并写下密密麻麻的批注与建议。论文答辩后，他又积极向出版社推荐出版。他认为，这项研究将成为写作教学一个重要的转向。

说到启迪与影响，我不能不提到于漪老师。

于老师那本30年前出版的《作文讲评五十例》一书让我深受启迪，于老师曾针对学生的50次写作学习进行了50次作文教学。她依据学生实际问题开展针对性教学的智慧，成为我论文研究的重要基础。每到研究遭遇困难时，我总会不由自主地翻阅此书，希望从中寻求灵感，最终也常常是如愿以偿、收获满满。这让我意识到，植根于实践丰厚土壤的教学，是最富生命力，也最具前瞻价值的。

在写作博士论文期间，我还几次拜访于漪老师，都得到了于老师的悉心指导与热情鼓励。当我博士论文书稿杀青，又承蒙于老师专门撰写推介之语，其中奖掖之情，溢于言表。

裴：由此看来，我国许多专家学者及名师，对中小学写作教学研究日渐深入、影响日渐深远。他们的研究与指导，对于当前中小学写作教学确实起到了极为重要的作用。

邓：是的，我完全同意您的这个说法。

裴：上面您围绕"微型化写作教学"这个话题，从三个方面简明扼要地阐述了您的观点，对于所有关心中小学写作教学的人来说，应该很有启发。现在，请您对今天我们的讨论做一个小结。

邓：刚才我们从概念、意义与价值、具体操作三个方面讨论了"微型化写作教学"的有关内容。这里，我想用几位专家的评论做一个小结。

于漪老师说，邓彤老师的"微型化写作教学"研究贵在以简御繁，讲求实效，找准学生写作中一二处关键困难，精心地对之提供必要的学习支持，帮助学生扫除文章梗阻，血脉畅通，有效提高写作能力。"目标单纯化，教学内容微型化，教学支持即时化"，邓彤老师积30年教学经验潜心研究，反复验证，提炼出的理性思考，必能给语文同行以深刻的启迪与破解写作教学难题的金钥匙。

南京师范大学教授、博士生导师黄伟教授说，这一选题具有问题针对性，富有理论探讨价值和实践应用价值。"微型化写作教学"范式的建构立足于对传统教学路数的梳理和辨析，在厘清亟须解决的问题之上，提出自己的设计构想，具有可信性和可操作性。

裴：最后，请允许我代表读者谢谢您，感谢您和我们分享对这个问题的深入思考和独到看法。

访谈嘉宾

邓彤，教育学博士（语文课程与教学论方向），上海市语文特级教师。中国教育学会中学语文专业委员会青年教师发展研究中心副主任，北京大学语文教育研究所特聘研究员，教育部"国培计划"专家。曾参加人教版、苏教版新课标教材编写，曾任全国中语会"课堂教学效率研究"专题组组长。发表论文百余篇。出版有《红楼梦导读》《邓彤讲语文》《文本解读与文体写作》《写作教学密码》等专著。

李白坚

新型媒介与写作教学

裴：李教授，听说您近来一直在进行新型媒介写作教学的研究和探索？

李：是的，我在教小学高年级和初中学生写作时，运用wifi网络环境、微信等，要求学生都用平板或者手机作文，实行无纸化。孩子们倒是蛮有兴趣，我也上得非常开心。

裴：这个选题，很有意义。今天，想请您围绕新型媒介和写作教学谈谈您的看法和做法。

李：好的，现代社会已经进入了科技时代，箭在弦上，不得不发啊！

裴：我想请您从三个方面来谈：一是新型媒介对中小学写作教学有什么影响？二是怎样用新型媒介改进中小学写作教学？三是请您展望一下未来的中小学写作教学。

新型媒介对中小学写作教学的影响

李：那我就先谈谈第一个问题吧。其实，很多年之前，写作似乎还是一个比较"高大上"的行为。它至少要在安静的屋子里或者窗明几净的教室里进行，要有书桌，要铺开纸张，要运用笔墨，要坐下来思考，然后起提纲、理思路，再提笔款款道来。

当写作与智能手机在wifi环境见面后，已经成了一种可以随时随地进行的普通行为，成为人人可以为之的简便日常生活，变得越来越普及与随机了。

裴：是啊！从前的写作活动，似乎是一种"象牙塔"里的行为，所谓"文人墨客"、所谓"迁客骚人"都是"象牙塔"里的人物。现在的写作活动，再也不是少数人的事情，而是大众化的行为了。

李：微信的发明和流行，使得任何一个普通百姓，都能在自己的圈子里发表意见、提出建议、表达思想、抒发感情。而且还可以加上一些图画和照片来装饰，变得图文并茂，吸引眼球。

科技的发达，突然造就了那么多的业余写手和专业写作。从前靠无数学校、万千老师辛勤工作还不能做到的写作能力的普及，如今几乎是转眼之间就轻而易举地做到了。

与此同时，阅读也变得如此快捷、简便，早晨起来，眼睛刚刚睁开，"嘀嘀嘀"的信号已经催促你阅读新的信息和材料了。一边吃饭一边看手机，一边走路一边看手机的"低头族"，已经成为社会常态。

裴：李老师，这些新型媒介的出现，对您的写作教学产生影响了吗？

李：不是"一些"，而是"颠覆"啊！我已经尝试了近两年。现在，如果没有wifi环境，我还真不知道怎么上写作课了。

裴：您去的学校都有wifi吗？

李：有些比较开放的、敢于"吃螃蟹"的学校有，譬如周子房博士请我去讲课的深圳南实集团鼎太小学。当我走进他们观摩教室的时候，只见孩子们一人一台平板，一片"沙沙沙"的键盘输入文字的声音，好不诱人啊！

但是据我所知，从全国来看，大多数的学校有多媒体、有电脑，但是还没有配备平板，也没有进行键盘汉字输入的训练。

裴：那么没有配备wifi的地方您怎么上课呢？

李：我买了一个wifi小机器，到哪里上课，就背到哪里。这么个比香烟盒子还小的东西，只要一打开，在一定的范围内就有网络了，可以供一个小班的学生使用。

裴：那么，您用wifi环境上作文课，对写作教学都带来哪些好处呢？

李：可多了！首先，课堂上需要讲述的内容，如果需要运用图片、视频，需要查询资料，完全用不着备课时花大力气做PPT了。初中、小学语文课程中需要的一切东西，网络上全都有。

起先，我只要告诉孩子们搜索什么、怎么搜索——"授之以渔"。到后来，他们都已经学会"渔"了，我也就省心了。

从此，写作文时再碰到什么字、词不会写，再也没有谁会想到我这个老师了。写作文的过程中，学生突然想到什么"好词好句"，比如"描写春天的柳叶，好像有一句什么'像剪刀'的句子"，如果是平时，早就举手发问，可是现在，都问网络去了。

裴：这样确实减轻了老师的负担，提高了学生的积极性！

李：是啊！其实，从学习本质上来看，靠自己检索和查询，才能真正调动起学生的主观能动性。只有自己动手检索，才更容易记忆相关的知识和材料。问老师一个字怎么写，和自己检索一个字怎么写，其学习效果，是大不一样的。

裴：李教授，现在我们都在用微信联络，确实方便得很。您上课，允许孩子们用微信吗？

李：不是允许，而是必须！作文无纸化操作，就是建立在微信基础上的。上课之前，我先让学生扫我的二维码，然后，再把全班学生拉一个"群"。与实体班级相对应，一个虚拟的"班级"随之诞生。有了它，写作教学就方便了。

裴主编，我每次上作文课是要运用课前已经准备好的"学案"的——记得几年前曾在《语文教学通讯》上连续发表过好几篇相关的文章——上课时，我通过微信把"学案"发给大家。因为"学案"上已经写明白了本课的宗旨、目标、内容、背景、有关材料、活动内容、写作提示、观察事项等，所以，学生一看就明白今天课程的全部内容。而我的工作，只要监督他们按时完成规定的程序即可。

作文课上，如果需要什么图片、音乐片段、参考视频、有关文字，我都可以通过微信发布，有条有理，清晰明白。

由于学生全部用手机、平板的键盘输入文字，大大提高了写作文的速度，这样，我也就有时间给学生的习作提出修改意见了。因为不是字迹潦草的纸质书写，学生的文章都是word文件，清晰明了，所以，我浏览非常方便，而且还可以在学生的文章上面做上修改记号，提出意见。审阅完毕，可以立刻发回给学生，让他们马上进行修改——word文件有强大的修改功能，学生修改作文也十分便利。这样，修改习作就成了写作课上的一项必然程序。这在以前，几乎是不可能的。

此外，因为每个学生手头都有相同的材料，这就为我组织班级讨论打下了资料的基础。而对于某些问题的集体讨论，是课堂作文教学特别重要的环节，因为那才是思想的碰撞啊！

不难看到，以上这些课堂教学方法，如果离开了新型媒体，停留在纸质的低速时代，大概是无法实现的。

裴：听了您的介绍，我感到新型媒介在写作课上确实有许多优点值得借鉴。

李：运用新型媒介进行习作教学，还有一个关键性的优点，就是学生摄取生活素材的时间和习作形成的时间终于可以同步了。

在没有新型媒体之前，要告知学生怎样"摄取生活素材"，是有一定的困难。因为我们没有直接形象地支配生活素材的科技手段。

以教授学生学习写景为例，最原始的形式，只是让学生阅读有关写景的范文，老师对习作题目进行解题、分析后，即让学生开始写作。至于学生是否具有有关景色的亲身经验，是不过问的。

后来发展为带领学生到有关景点去观察了解，指导学生用自己的五官对景物进行有序的、仔细的观察，然后，再让学生带着存留在自己大脑里的观察所得或者记录在纸上的只言片语，回到教室里去写作。

虽然后者比前者先进了，但是，写作过程与生活体验还是相距甚远。我们没有办法让学生就在风景处直接写生，所以，仍然避免不了遗忘和疏忽带来的短板。

进入新型媒体时代后，如果我们还是指导学生写"春游"之类的记叙文，则可以让学生带着手机、平板一起上路，边看、边玩、边收集材料、边进行写作。走到东，就写到东；走到西，就写到西。在"打几个滚"的同时，可以躺在草地上书写见闻；在"踢几脚球"的那刻，可以抱着足球表达感受。这样的写作状态，该是多么的惬意啊！

由于写作活动与素材摄取之间完全消除了时间上的断裂，对于初学写作的学生来说，简直可以说是抽掉了跨入作文殿堂的高高的门槛，孩子们可以毫无顾忌地长驱直入了！

裴：是的，这大概就是您的"前"作文教学理论的进一步展开吧！把生活源泉直接放在学生面前，让他们运用手机和平板随时观察生活、记录生活，不但使生活素材的摄取变得容易，写作过程搬到实际生活中去，课程也变得活泼了。

李：以前我们总是以为，阅读的积累，将有助于写作水平的提高。但是，通过以上活动，是否可以反过来认为，写作的活动也会对阅读理解水平的提高，具有派生的作用呢？

裴：是的。如果学生在写作的过程中，时刻需要通过检索来提高自己的语言文字能力、丰富背景知识材料，确实也在不知不觉中提高着阅读理解水平。

李：此外，手机所带的录音、录像、摄影等信息收集手段，也都能够非常便利地帮助学生形象、快速地获取素材和资讯。

要写"人物"，只要给对象来几张摄影特写，记录下他的神情状貌、举手投足，等需要描写的时候，拿出来参考参考；要捕捉对话花絮，打开录音，录下那七嘴八舌的情景，需要表现的时候，听几遍录音，一切重现目前。

以上这类"摄取生活素材"的科技方法，以前也许只有记者才能拥有，可是现在，只要带领学生使用一次，此后，他们便会想出无数花样来，层出不穷。

教学的时候，许多写作技巧，解释起来也更为形象了。

比如"移步换形"，只要带领学生到校园里通过"移步"而获得不同角度、意境的图片，问题就清清楚楚的了。比如"典型环境"，只要让学生录像展示特殊的场面，老师加以说明也就一目了然了。这都是从前在课堂的黑板上无论怎么比画都不能奏效的。

此外，通过新型媒介进行词语的收集和运用，变得如此快捷。同样一个读音，零点几秒的时间，就会跳出来无数的词语，任凭学生挑选、甄别、比较、推敲，然后挑肥拣瘦、百里挑一。可以预料，这类方式长期而集中的运用，对于提高学生词语量的价值，是怎么估计都不为过的！

怎样用新型媒介改进中小学写作教学

裴：在课堂写作教学过程中，大概有四个比较重要的程序，那就是"作文—讲评—修改—批阅"，能否请您从这四个程序的角度，谈谈怎样用新型媒介改进写作教学？

李：新型媒介的运用，极大地改进了写作教学手段。最使我感到兴奋的是新型媒介极大地解放了学生的书写技术。

裴：对于中国人来说，汉字书写确实带来了思维表达的较大局限。这个问题不但在学生当中，就是在我们成人当中，也普遍存在。

李：是啊！我在教成人写作的时候，曾经请他们朗读自己的作文。谁知他们读着读着，眼睛就不看作文本了——原来，作文本上早已没有了文字，他们已经开始"口头作文"了！可见他们宁可说，也不愿意写！

"爸爸妈妈带我到世纪公园去玩"这几个字，我口头陈述，用了3秒钟。书写出来，花了20秒，字迹还比较潦草！而脑子里想这个意思，一秒钟就够了！

裴：清人龚自珍说过：物（客观）—意（思维）—言（语言）—文（文字），差距很大。经常是想到的东西和看到的东西不一样，写出来的东西，已经和说出来的意义有些偏颇了。物—意—言—文的错落，对于正在学习作文的孩子们来说，是一个极大的困惑。

李：是的。加之学生作文的时候，还会碰到许多会说会用不会写的字和词。不问老师吧，作文写不下去，问老师吧，自己的思路断掉了。作为学生，还要考虑到卷面必须干净，不然要扣分！为了卷面的整洁，再一次拖延、放缓了书写的速度。脑子里想的和作文本里写的，距离越拉越大了。

裴：我们成人写作时，也有思维跑到前面去了，手写却跟不上的烦恼。我想，孩子们作文时，必定有同样的情况。

李：很多时候，孩子们的思维也跑到前面去了，书写速度却不争气，使得他们往往迁怒于作文课程、害怕甚至讨厌作文课程。特别是一些大脑发达、小脑活跃的顽皮儿童，书写大多滞后，一旦被老师批评，特别是要求"修改"甚至"重写"时，特别垂头丧气，完全丧失了信心。

裴：小学和初中阶段，书写技术的局限可能是大多数思维发达、书写缓慢的学生写不好作文进而害怕作文的重要原因。这个问题似乎是比较难以解决的。

李：但是，裴主编，自从让孩子们运用手机和平板键盘以后，书写的技术问题得到了彻底的解决。孩子们再也不害怕书写的缓慢和汉字写不出来的麻烦了。

第一，书写潦草的问题已经不存在了。当孩子们拿来已经打印得整整齐齐的作文或者把自己的文章通过邮件发给我时，无论是他们，还是我，心情都特别舒畅。

第二，有新型媒体的支持，学生遇到任何疑难字、词，都可以迎刃而解。

第三，汉字输入的联想功能，使许多固定词组、唐诗宋词、成语俗语，只要打上每个字的声母，一句长长的句子就冒出来了，这使得孩子们笑逐颜开、如同游戏。

最有意思的就是装了讯飞语音输入软件的学生，当我下令"开始作文"后，他们或在教室里自言自语，或躲到某个角落里自说自话，俨然小小演说家——经常运用语音输入作文的学生，将来口头表达能力一定差不了！

裴：李教授，作文教学中关于教师讲评的新型媒体运用，你有些什么新的做法呢？

李：以前，我很提倡"朗读批改"，就是学生作文完成以后，请具有代表性的同学上台朗读他的文章，由老师当场在关键字、词、句、段，或者典型标点符号等地方叫"停！"然后老师口头提出评改意见。（详见《作文教学跟我来》）

但是"朗读批改"有个不足，就是老师只能凭听觉批改，学生只能凭听觉理解。由于没有现场感，有些特别的字、词、句、段，很难讲述得透彻和直观。

运用新型媒体以后，文章评改，大有改观。其基本方式有两种：

第一种，利用台前的屏幕，作文完成的学生把自己的文章直接发到屏幕上，由老师指着屏幕讲评。我到深圳鼎太小学上公开课，学生作文一经交卷，立刻就显示在台前的屏幕上。我当堂指着屏幕讲评了两大篇文章，从题目到句读、从层次到结构，就像讲解课文似的，效果显著。

在讲评学生文章的时候，由学生文章本身字句而临时想到的有关经典文章句段，我还可以请学生立即搜索查询。这样，一次讲评，文涉六路，句达八方，大大提高了作文讲评的效率和由此生发开的有关知识的展示。

第二种，就是运用微信"朋友圈"，把学生的典型文章指出错处后直接放到圈子里，让每个学生手里都有这篇范文，讲解起来，十分方便。此外，典型错误的句子，典型的好句子，也可以放到圈子里，让同学们阅读学习。

倘若在作文后，老师还将经过自己精心评改的学生作文再放到圈子里，那么，对于学生的学习、鉴别和比较，将更有帮助。

裴：在没有电脑的年代，写文章的人谁不记得当时的苦恼啊！一篇千字文还好，要是写一篇上万字的大块文章，誊写稿件，简直就是我们这些"爬格子"的人的噩梦啊！

李：其实孩子们也同样做着这个噩梦。

上海大学有一个研究写作的老教授于成坤先生。他5年级的小孙子作文不过关，改了五遍、誊写了五次，还是不过关，还得改，孙子哭了，孙子的奶奶看着受罪的孙子也哭了。于老没有哭，把我叫去，问我怎么改才是个头。

但是，自从用了手机和平板以后，修改文章，已经易如反掌了！

在我的作文课堂上，所有孩子的文章写好以后，都必须到我这里"过堂"——我直接向他们提出修改意见：哪里要分段、哪里标点有问题、哪里的语言不规范、哪里的结构要调整等，都一一指出。

由于新型媒介强大的修改功能，学生把作文拿回去以后，三下五除二，往往只要几分钟工夫，就修改好了。"叮咚"一声，已经反馈到我的手机上！你看，是不是新型媒介，解放了我们可怜的孩子们呢？

裴：记得您曾经对老师批改作文提出过六种方法，用以减轻老师的负担。现在运用新型媒介了，您还有什么新招吗？

李：新型媒介的运用，将大大解放老师批改学生作文的劳动力。

作文无纸化以后，学生将作文用键盘输入浏览器上，首先文字清晰了，老师再也用不着戴着老花镜外加一个放大镜来辨别潦草的笔迹了，减轻了老师视力的疲劳。

另外，老师评语的写作，也用不着用朱笔一个字一个字地写在方框里，更用不着抱着一大沓作文本回家批改了。

电子作文的批改，打字的快速和简便，使得老师的评语同样写得自由而舒畅，而且，还可以在学生的字里行间提出自己的意见，老师的批改，变得特别具有针对性。

这里我带了一段作文批改的范文给你看看，是不是这样的批改文字，对学生的作文帮助更大些呢？括号中的文字，就是我的"夹评"：

一摊茶水

江苏泰州市第二中学　初二　钱俊融

书桌上蔓延（"蔓延"一词用得好！给读者一个动态的感觉，似乎这摊茶水还在不断浸润着、扩展着）着一摊茶水。

本来在茶杯中呈黄灰色的茶水，一旦脱离"瓶居生活"（运用修辞手法，把"群居生活"变作"瓶居生活"，使人联想起这摊茶水已经"独立"地离开了茶杯，具有拟人的效果），便以扁平状匍匐（又是一个极具动感的状态，令读者联想到，莫非，茶水还会站起来？）在桌面上，在灯光的照射下，茶水澄澈而又带着点儿碧色（这段描写不错，但是我怀疑它的真实感。如果书桌是深色，似乎不会出现如此色调吧？）……

展望未来的中小学写作教学

裴：李教授，新型媒介的运用，确实给写作教学开辟了一条创新之路。听了您的介绍以后，我很受启发。最后一个问题，请您展望一下未来的中小学写作教学。

李：我对今后的中小学写作教学非常乐观。

近年来，无论是指导学生"摄取生活素材"的作文内容的诉求，还是激励学生产生"表达欲望"的精神激励，都已经有了比较明确的理论依据、实践答案和有关课程。如果新型媒体能够获得广泛的运用，则从写作技术和教学手段上对写作教学产生颠覆性的变革。

多年前就有人指出，中小学作文课程处在"三无"状态：无大纲、无教材、无方法。但是经过这些年的努力，从"三无"变为"三有"的时机已经成熟，条件已经具备。

如果要我描绘一下将来中小学写作教学的常态，以记叙文为例，我想大概会是这样的：

由于新型媒介的介入，上课的时候，老师再也不需要根据教材笼统又原则的提示去搜索枯肠地设计教学程序，只要从手机或平板中向自己的班级"朋友圈"发出"学案"指令，带领学生仔细阅读理解"学案"。然后，让学生根据"学案"的布置和步骤，进行一系列科学的、趣味的、系列的作文活动。

学生将运用自己的手机或平板的一切功能"摄取生活素材"，酝酿"表达欲望"，然后在彼时彼地用手机或平板立马产生构思、生成文章，不久，就可以通过手机或平板向老师提交习作。

老师可以召唤学生面对面地一边看手机或平板上的作文，一边提出修改意见。

学生得到老师的指导后，即可在任何地点对自己的作文进行修改，修改完成，再发给老师。此后，还会陆续有学生将作文发给老师请求指导，老师则在指导之后同样进行修改。

在老师提出修改意见时，如果发现有比较典型的段落或者句子，则可以"拷贝""粘贴"在"朋友圈"里，或加以简短说明，或不加说明，提供给其他学生参考。

下课时间到了，学生习作完毕，以前交作文本的动作都将化为"叮咚""叮咚"的信号，文章将陆续发入老师的"朋友圈"。老师则怀揣着装满学生作文的手机，和孩子们说拜拜。

如果需要的话，老师可以对学生已经定稿的作文进行"夹评"。老师只要将这些作文输入自己的电脑，运用电脑上的"朱笔"对作文进行批阅即可。

由于"夹评"输入的快速和简便，老师可以对学生的文章细加斟酌，点滴不漏。"夹评"完毕，即可将学生文章立刻发回，让学生阅读思考。

学生如果对于"夹评"有任何想法和意见，可以在电子稿上用另外的颜色表达自己的思想，并且立刻发还给老师。老师又可以在最短的时间内，得到学生的信息回馈。

由于学生用的全部是电子稿，老师如果要把学生的文章编辑成册，直至打印装订成书，也都是十分简单的事情！

裴：李教授，您总能站在时代的前沿，敢为人先，勇于探索。您身为大学学者，却能长期坚持深入一线，用自己的亲身实践，感受新型媒介给中小学写作教学带来的影响，摸索用新型媒介改进中小学写作教学的方法策略，展望我国未来中小学写作教学的可能样态，真的十分令人敬佩。感谢您接受我的访谈！感谢您和读者分享您的经验与智慧！

访谈嘉宾

李白坚，是一位能为中小学生上课的上海大学教授。多年来，他将大学教育的新观念和新方法移植于中小学，探索出以"前"作文教学理论为指导、以"现场演示"活动为教学内容、以"学案"为教学形式、以培养学生五官观察和创造能力为宗旨的"大鼻子李教授——快乐大作文"。李教授出版有《新体验作文》《21世纪我们怎样教作文（中学版）》《大学题型写作训练规程》等教材和《民国先生谈作文教学》《作文教学跟我来》《中国出版史》《中国出版文化概观》《中国新闻文学史》等著作。

钟传祎

在学习中作文，在作文中学习

裴：钟老师，您好！听说您探索学科作文近20年，您的研究先后荣获广东省中小学教育创新成果一等奖，首届基础教育国家级教学成果二等奖，今年推出了《学科作文练写手册》，联合香港卫视旅游台举办全国电视学科作文大赛，今天我想请您谈谈学科作文。

钟：好，学科作文因为跨越学科和写作两个领域，学科老师觉得作文和自己无关，语文老师觉得学科不关自己的事，探索的人很少，了解的老师也不多，有必要和大家分享。

裴：是的。高考改革取消文理分科，作文也开始得到各学科的关注，成为打通学科壁垒的工具，您的探索具有前瞻性、创新性和实践性。我想请您从三个方面谈谈学科作文：一是为什么要探索学科作文？二是学科作文的基本理念是什么？三是如何开展学科作文教学？

钟：好的，这三个问题是老师们最关心的，也是我们长期思考和探索的，相信今天的访谈一定能给关心作文教学的专家和老师一定的启发和帮助。

为什么要探索学科作文

裴：钟老师，我们都很好奇，当前作文教改大都从语文教学的角度出发，而你选择从学科入手，这是为什么？

钟：当前的作文教学改革大都局限在语文的范畴，没有跳出语文教语文，跳出作文变革作文，这导致作文教学改革一直在原地打转，长期困扰的问题一直没有得到很好地解决：老师为考试和升学而教，学生为考试和升学而学，每一次的作文训练，都围绕作文技巧和方法而展开，生硬地填上好词好句，组成一个大拼盘，缺乏的是真话实话、真情实意；有时为了写出高分作文，学生根据老师的教导充分运用排比句以增加文章的气势，合理套入名人名言以增强文章的说服力，或者编一些催人泪下的事例以增进文章的感染力；训练的形式单一，学生完全禁锢于课本要求的作文训练和考试中的作文题，而书本上的作文训练，几乎一成不变地是写一件有意义的事、记一个尊敬的人；这几年的教材中作文题虽有所改观，增加了想象作文、自由作文，但仍然难以满足学习生活的需要。

尤为重要的是，我们一直认为：作文只是语文老师的事，解决作文教学的问题不需要学科老师，和学科老师没有关系。其实，这一观念是不对的，对我们的作文教改是有害的。

我们知道：学生作文是"学校教育的班级授课制下，以学生的角色学习'写'而展开的非独立活动及其结果"，这种"写"的活动是在集体性的教与学的背景下、在整个课程体系中进行的。作文是学习的一部分，是在教师指导下，为了具体的训练目标而进行的一种文字训练。其目的是为了更好地掌握语言，运用语言，使语言更好地成为思想载体，更好地服务于学习。因此，作文训练更多的是技巧训练，是方法训练，是文体训练。它是一种强迫的行为，是一种任务型的活动，和身边的环境联系不紧，和社会的关系不密切。

作文素质包括：（1）知识（日常生活知识、自然和社会知识、写作知识）；（2）能力（观察事物能力、表象操作能力、思维加工能力以及包括口头和书面两方面的语词表达能力）；（3）情操（情绪、情感以及包括道德、审美、价值等方面的思想观念）三个方面。知识主要决定"写什么"，能力决定"如何写"（写作知识也与如何写有关），情操决定"为什么写"。从知识、能力到情操，再到作文三维素质模型，真正属于语文老师职责的只有言语表达能力、写作知识这两方面内容。其他素质的训练和提升，离不开学科老师的教育和指导。详细阐述见《作文，你并不姓"语"》一文（见《教育研究与评论》2012年第1期）。

裴：作文本来就是一项综合素养，服务学科教学，也离不开学科教学。我想，您之所以开展学科作文，一定是有原因的。

钟：我从1989年开始作文教改，尝试过作文三级训练、快乐作文、读写结合、情景作文、活动作文等。1991年担任高中语文老师，学生写议论文，有了论点，却没有丰富、翔实、新鲜的论据，导致文章空洞，议论无力，堆砌口号，味同嚼蜡。当时，我组织所有学科老师，从学科教材中选编趣味轶事、背景材料、学科内容、拓展资料、相关链接，按人生、理想、兴趣、勤奋、爱国、基础、母爱、方法、交往、励志、民主等主题进行归类，印发给学生作为议论文的论据。

1993年我尝试"多媒体组合优化作文训练""小学情景作文教学"，为了指导学生写好游戏活动，先组织学生在操场开展活动，然后拍成录像，编辑后放给学生看，指导学生观察和说写。

经过近十年的探索，在作文教学领域勤奋耕耘，撰写了《名师教写作文》《轻松学写课堂作文》《名师指点作文捷径》等系列作文指导用书，取得了一定的成绩。但长期困扰的问题，一直没有解决，这就是：学生仍然以作文为苦，一说写作文就很茫然，不知道写什么。

2001年，新课程改革，有两件事触动了我。一是作文网的调查。调查内容是"害怕写作文，写不好作文的原因"，结果显示：55.736%的人认为是因为不知道写什么，9.938%的人认为是写作文没有方法。二是指导学生写科技小论文。为什么学生没东西可写？我们的第一反应就是学生在学校的学习生活简单枯燥，不值得关注。但实际情况却是：学习生活形式多、时间长、体验深，是在老师指导下的有意观察和感悟，相对于社会生活，可写、能写、会写的东西极其丰富。科学课上有很多的观察、探究、动手操作、讨论交流等，教材中有各种观察动物、植物、物体、天气、日常用品的活动，需要动手完成小制作、小实验，在这些观察和活动中，学生体验丰富，感受深刻，既有表达的欲望，更有表达的内容。详细表述见《学科作文教学的理论与实践》（语文出版社，2010年6月）一书。同时，新课程标准也提出"跨学科学习"，我结合十多年作文教学的思考和教训，开始从作文与学科整合的角度进行作文教学改革，2005年1月提出"学科作文"，开始进行"小学学科作文教学"实验,2013年尝试"写中学",进一步探索作文对学科学习的作用,2017年提出"表达式学习",进一步深入探索学科作文如何运用到学科教学中。

裴:这些年,我一直关注您的探索,也期待着这一改革给语文教育带来新的气象。您刚才的介绍中,已经谈到了学科作文的意义,它主要解决的问题是写什么和为什么写,不知道我的理解对吗?

钟:是的。我们先看一张图:

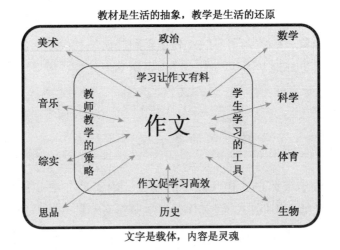

学科作文解决的第一个问题是:写什么。这是长期以来困扰学生和老师的难题。我们说生活是作文的源泉。学生的生活包括社会生活和学习生活,其中学生90%的时间在学习,只有10%的时间和社会接触。而在和社会的接触中,因为缺乏必要的指导及相关的认知心理准备,往往对事物知觉缺乏目的,没有系统,把握不了重点,深入不到细节,感知的时间不能持久,而感知的信息进入大脑后,又缺乏或者不能做必要的分析、处理、建构、叠印,导致感知的信息模糊、消失、错误,结果感而不知、感而少知、感而错知,形成不了知识经验或者作文的材料,所以写不出东西。而90%的学习生活时间长,形式多,印象深,收获丰,学生深入参与,教师重点指导,师生互动多样,生生交流精彩,以此为作文素材,可以彻底解决写什么的问题,让作文言之有物。

学科作文解决的第二个问题是：为什么写。一直以来，作文都围绕考试进行，考什么训练什么，以至于迷失了作文训练的意义，教师为考试而教，学生为考试而练，至于为什么写，写作的价值何在，却一直茫然而困惑。为了考试有个好分数，按照考试要求，模式化操练，生搬硬套，虚情假意，背范文，套格式，练技巧，结果一遇到实际的写作需求，却不会动笔，写不出文章。实际上，作文是学生思想认识和文字表达能力的综合体现，作文训练的过程是培养学生认识事物、表达事物的过程。学生对事物的认识取决于各科学习的积累，学生对社会的观察、理解、思考，大多来自学科学习所得，学科内容也是社会生活的某一方面的间接反映，是某一社会侧面的抽象和浓缩，学习的过程正是间接认识社会生活的过程，写学习生活，为了更好地学习而写作，以此提高学习兴趣，提升学习效率，分享学习成果，丰富学习体验，让作文言之有用。

学科作文的基本理念是什么

裴：学科作文抓住了作文教学的痛点，确实是一项非常有价值的探索。可能有老师还不明白，到底什么是学科作文？钟老师，您能不能介绍一下？

钟：学科作文以训练学生的语言能力、观察能力、思维能力、想象能力为重点，以学科知识、学习情景、学习收获为内容，挖掘学习生活中的素材，关注学生心灵成长历程，让学生自觉用文字自由表达他们在学习各学科知识过程中的见闻、心得。学科作文教学从学科整合入手，打破学科界限，打通文理，倡导在学习中作文，在作文中学习，让作文有内容、有意义。归结为一句话就是：在学习中作文，在作文中学习。或者提炼为：围绕学习而作文，为了学习而作文。

裴：在学习中作文，解决写什么；在作文中学习，解决为什么写。这么一总结，很好记，也很好理解。那么，学科作文的特点是什么？

钟：学科作文不同于学生的单元作文训练及平时的作文练习，它体现鲜明的学科特点。学科作文一般也是围绕写人、叙事、描写、说明、议论来展开，涉及日常生活中的方方面面，但最基本的一点是，学科作文所写内容和学科学习有密切的联系，它围绕着学科生活，发现并展示学科生活中的见闻、感受、体验、收获，它链接学科，也是为了学科学习而进行，作为学科学习的一部分，在学科学习过程中，发挥着重要作用。其基本特点如下：

（1）学科性：学科作文的学科性主要体现在链接学科，为了学科，在学科中。

（2）知识性：学科作文区别于考试作文、单元作文，就在于它紧紧围绕着知识的学习、整理、巩固、运用而展开，是学科课堂的延伸和拓展，是学科学习的一部分，学科作文的知识性主要体现在运用作文整理知识、巩固知识、运用知识。

（3）学习性：学科作文倡导在学习中作文，在作文中学习，指导学生用笔记录生活中的故事、思考、感悟、体验、收获，通过写学习生活，巩固学习内容，梳理学习知识，提升学习的兴趣，提高学习效率。让写作成为学习的一种工具，成为思考的工具。这就是学科作文学习性的特点。学科作文的学习性表现在学习的趣味化、学习的个性化、学习的拟人化、学习的共享性。

裴：学科作文区别于单元作文、考试作文，具有学科性、知识性和学习性，融合学科，打通文理，让我们很受益。下面，想请您谈谈学科作文的基本理念。

钟：好的。第一，作文教学是所有学科老师的共同责任。作文内容来自学科，作文能力需要学科老师的共同努力，作文教学需要所有学科老师参与；作文可以帮助学生学习，学科老师可以借助作文了解学生学习情况，用作文指导教学，借助作文提高教学效率；语文老师要树立大作文、大语文观，要关注学习内容，多和学科老师沟通，学会借力，善于借力。

第二，学科作文梳理了作文和学科的关系，认为学科学习为写作提供能力准备和素材，作文有助于提高学习效率，优化思维。作文和各学科关系密切。作文的过程是认识自我、认识他人、认识自然、认识社会的过程，是形成一定价值观的过程，学科学习训练学生的观察力、表达力、思维力、想象力，也提供丰富的情感体验、生活情境、思想认识，在数学、科学、音乐、美术、体育、思品及综合实践的学习中，学生和自我、他人、社会互动，思维能力和表达力得以提高，作文成为可能，同时立足学科生活的写作帮助学生更好地掌握学科概念，提升学科认识，巩固学科内容，提高学科学习效率。

第三，学科作文的教学策略包括以下几方面：

（1）把学习问题变成作文。围绕着学什么、怎么学、为什么学展开，根据所学内容，提出自己的疑惑，围绕着一个个问题，寻求解决的方法，并认真记录解决问题的过程及问题的答案。

（2）把课堂笔记变成作文。培养学生记笔记的习惯，训练学生整理课堂笔记，运用KWL法，把课堂笔记变成作文：按照知道（know）、想知道（want to know）和学到的（learned）的范式，整理课堂笔记，记录在什么时间、地点、学了什么内容，怎么学的，老师说了什么，同学怎么做的，学会了什么，还想了解什么等，形成记叙学习内容、情景、收获的叙事文章。这是基本的学科作文样式，也是学写学科作文的入门格式。

（3）把课堂情景变成作文。定格课堂的精彩瞬间，如讨论、游戏、活动、比赛、表演、辩论、演讲、实验、制作等，写明起因、经过、结果，写清自己的感受、体验、收获，再现课堂生活，回味课堂，表达看法，总结收获。

（4）把课后作业变成作文。学习了新的知识点，为了巩固、迁移，老师都会布置练习，学生根据练习过程中的思考、收获、体验写成文章，复习学习内容，整理学习思路，提高学习效率。形式有科学观察记录、数学日记、各学科的知识性童话与知识性说明文等。

（5）用思维导图指导作文。

如何开展学科作文教学

裴：学科作文的理念很接地气。正如吴立岗教授所说：学科作文具有开创性、前瞻性和可推广性。那么，语文老师应该如何实施呢？

钟：学科作文如何实施，我们分两个角度谈。一是语文老师如何做，二是学科老师如何做。我们首先要清楚这两者的角色，在学科作文教学中，语文老师和非语文老师各自应该做什么。学科作文从大语文、大学科、大作文的角度统筹思考，倡导所有学科教师密切配合，积极参与到学生的作文训练中。语文老师是主角，这主要体现在：语文老师是学科作文教学的主导者，要关心学科学习，指导学生积累素材，训练作文能力，提升作文技巧，促使学生形成良好的作文习惯，养成用心说真话的习惯，捕捉初始意念、快速成文的习惯，观察感知、体验积累的习惯，多阅读、多思考的习惯。语文老师是学科作文教学的组织者，了解学生的作文心态和作文能力，制订恰当的作文训练计划，选择恰当的作文训练策略，开展形式多样的学科作文训练活动。

同时，语文老师还是学生学科学习的关注者，学科作文教学的指导者，学科联系的沟通者。

非语文老师要参与学科作文教学，教学中训练学生的观察能力、想象力、思维能力、表达能力，开展形式多样的活动，包括表演、游戏、比赛、辩论等，让学生在生活中学习知识，运用知识，把书本和生活进行无缝对接，自觉运用所学知识解决生活问题，记录生活感受。其他学科老师作为学科作文的参与者、配合者、能力训练者，首先要明确作文对学习的促进作用，可以用作文复习学习内容、厘清学习思路、迁移学习成果，要注意教学内容的生活化，学习结果的生活化。

裴：学科作文涉及所有学科，所以在实施时，需要语文老师和非语文老师的共同努力，要厘清两者的关系，确定两者的定位，这有助于学科作文的扎实推行。确定了各自的关系后，怎么做呢？

钟：学科作文教学从提高学生观察力、想象力、思维力入手，立足学习内容、学习情景、学习体验、学科知识，在教学中，我们逐步总结出三种基本课型：

（1）课堂实录型。其基本流程是：第一步，语文教师通过全面浏览各学科学习内容，有针对性地选择活动性强、和实际生活联系密切、情景性比较突出的学习内容，和学科教师共同备课，从作文教学和学科学习的目标入手，沟通整合，确定共同的训练点。第二步，语文教师深入学科课堂，了解学生课堂学习的情况，捕捉课堂生动有趣的画面，分享学生学习的快乐。第三步，语文教师从课堂教学画面入手，引导学生回顾课堂学习过程，分享课堂学习感受，交流课堂学习体验和收获，确立作文素材，进行作文训练。如数学老师教"时分秒"，语文老师指导学生写"小闹钟"。

（2）内容整合型。其教学流程是：根据教材中作文训练要求和学段作文教学要求，结合学生的作文实际，从学生的日常生活出发，确定作文和学科整合的内容。在教学中引导学生总结内容、描述学习情景，把学习和写作融为一体。如语文老师指导学生写思品课上的活动、队活动、社会实践活动等。

（3）学科主导型。学科老师结合讲课内容，指导学生观察、体验，写出课堂实录、科学观察、音乐美术欣赏等方面的文章，以此作为教学训练的一种方式，评估学生学习的情况，了解课堂教学效果，提高学生综合素质。这种课型完全由学科教师实施，需要学科教师在教学中自觉训练学生的观察能力、表达能力和文字运用能力，指导学生完成作文，运用作文来促进学科学习。如科学老师教学生认识"各种各样的花"，写观察日记；指导学生养蚕，写养蚕日记。

同时，我们还根据各学科的特点，总结出科学作文、数学作文、美术作文、思品作文、体育作文的基本教学流程，详细内容见《写中学——让学习更有效的学科写作教学》。

裴： 学科作文如何评价呢？

钟： 这是一个很大的问题，我这里先作简要的介绍，详细阐述见《写中学——让学习更有效的学科写作教学》。学科作文的评价对象是学习活动和语言表达，指向多元，不应局限于写作的技巧和呈现的方式，关注对学科知识和技能的理解与掌握程度，发现问题、提出问题与解决问题的能力，情感、态度、价值观的形成与发展，以及学科写作水平和能力。学科作文评价关注学科学习与写作相互完善和发展。

学科作文评价遵循鼓励性原则、自主性原则、全面性原则、个性化原则、定量与定性相结合原则。学科作文的评价方式包括自评、他评、互评。学科作文的评价标准是：立足学科素养创新精神和实践能力，依据表达的清楚、多样性、教育性、可靠性，把文章分为优秀、良好、及格、不及格四个等级，并确定了每一个等级的对应标准。通过评价，引导学生优化学习方式，提高学习效率，学会准确、有条理地表达。我们还制定了学科作文的评分等级量表。

裴：语文老师和非语文老师在评价学生的作文时，有区别吗？

钟：肯定不一样。语文老师关注作文的形式，作文中的表达问题，涉及遣词造句、布局谋篇、表达技巧、叙述方式、描写方法、行为策略等，围绕着语言的运用，引导学生准确、恰当、形象地表述自己的认识、想法、感受、体会；学科老师在评价时主要关注表达的内容，涉及的学科内容是否正确，认识是否恰当，想法是否吻合常识，所写内容和所学知识是否存在矛盾，理解是否正确等。学科老师的评价，主要是为学科教学服务的，这一点要明确。

裴：刚才您围绕"学科作文"这个话题，从三个方面简明扼要地阐述了您的观点，对于所有关心中小学写作教学的人来说，应该很有启发。下一步，就学科作文，您有什么打算？

钟：我们已经推出了《学科作文练写手册》，每个学期都安排了思品、科学、数学、音乐、美术、体育六个学科的作文训练，每个学科两个内容，共12个案例，方便语文老师、非语文老师和学生使用。

裴：期待着学科作文的探索越来越开阔，成果越来越辉煌。最后，请允许我代表读者谢谢您，感谢您和我们分享对这个问题的深入思考与独到看法。

访谈嘉宾

钟传祎，深圳市首批中青年骨干教师，深圳市语文学科带头人，中国小学写作教学卓越名师，学科作文教学倡导者、积极推广者，深圳大学文学院学科作文研究中心执行主任。出版专著《学科作文教学的理论与实践》《写中学——让学习更有效的学科写作教学》等，发表系列研究学科作文的理论文章。课题荣获2011年广东省中小学教育创新成果一等奖，第八届广东省普通教育教学成果二等奖，2014年首届基础教育国家级教学成果二等奖。目前课题已在小学、中学、大学开展研究，在深圳大学文学院设立学科作文研究中心，人教网开设专栏向全国推广，《学科作文练写手册》被确定为香港卫视旅游台电视作文大赛指定用书。

汪潮 关于小学读与写的关系

裴：汪教授，您好！当前阅读指导课、班级读书会、课外阅读活动开展得如火如荼，但大多停留在激发阅读兴趣、分享阅读感受、指导阅读策略等方面，即使安排了写，也基本属于点缀。同时，习作教学的研讨也精彩纷呈，但习作内容基本停留在老生常谈的一些主题上，难以激起学生写作的兴趣。可见，阅读与习作之间存在着"脱节"和"分离"的现象。2011年版语文课程标准提出"要重视写作教学与阅读教学、口语交际教学之间的联系，善于将读与写、说与写有机结合，相互促进"。因而，注重听、说、读、写之间的有机联系，加强教学内容的整合，强化读写一体化，统筹安排教学活动，促进学生语文素养的整体提高，是语文教学亟待研究的问题。汪教授，您是浙江省中小学作文专业委员会的理事长、小学习作教学研究方面的专家，今天想请您谈谈有关小学读与写的关系问题，不知可否？

汪：谢谢主编。很乐意与大家交流这样一个既古老又现实的问题。

裴：好的，我想请您重点谈谈与"读与写的关系"有关的三种形态：一是读写结合，二是读写互动，三是读写一体化。

汪：可以。

关于读写结合

裴：中国的"读与写的关系"大概经历了三种形态：读写结合—读写

互动—读写一体化。首先请您谈谈读写结合的情况。

汪：好的。读写结合是中国语文传统教学的精华之一，它的产生和发展也经历了漫长的时期。

裴：听说您撰文专门研究过读写结合的历史，请您谈谈它的发展情况。

汪：好的。我把读写结合的发展分为四个时期：

一是读写结合经验描述时期。读写结合始于写作理论研究。大量资料考证，我国各个朝代的许多作家都从写作角度论述了读写关系，西汉著名辞赋家扬雄、唐代大诗人杜甫、唐代大文豪韩愈、南宋大教育家朱熹、元朝大学者程端礼、明朝诗人周立、清代学者万斯同等都对读写结合进行了阐述。

裴：是的。我记得西汉的扬雄说过："能读千赋，则善为之矣。"唐朝的杜甫有名言："读书破万卷，下笔如有神。"元朝的程端礼也有名句："劳于读书，逸于作文。"

汪：是的，裴主编真是博学众长，积累丰厚。从第一个时期我们可以得到以下认识：（1）先辈们从亲身经验出发，用文学性的语言对阅读和写作的关系进行了描述，但还没有明确提出读写结合的概念。（2）先辈们从提高写作水平的角度，阐述了阅读对写作的积极作用，强调了阅读对写作的基础地位。（3）先辈们认为阅读对写作的影响作用是直接的，阅读量越多，则对写作的影响越大，强调阅读量。可见，我国清代及以前对阅读和写作关系的认识还只停留在经验总结与文学描述上，还是不够深刻和辩证。

裴：您概括得很清楚。请您说说第二个时期。

汪：读写结合教学法研究时期——1912年至1949年关于读写结合教学方法的初步研究。这个时期有两个重要事件：

1922年，《新法国文教授书》第6册《论人群》要求学生任选课文一节进行仿写。据查，这是中国最早在教学中实施读写结合。

1924年，语文教育家黎锦熙出版了第一部语文教学法专著《新著国语教学法》，提出"缀法与读法的联络教学法"。据此，可以认为这是使用"读写结合"概念的开端。

姚铭恩（1915年）、李元蘅（1915年）、黎锦熙（1924年）、石民镛

（1926年）、曹宗尧（1929年）、叶圣陶（1942年）等是这时期的主要研究者。

裴：这时期研究的主要特点是什么呢？

汪：我认为有四个特点：（1）主要从教学方法的角度阐述读写结合问题。（2）重点分析阅读对写作起积极作用的两个方面，一是形式，二是内容。（3）初步揭示了阅读和写作之间的关系是"连带关系"，认为阅读是因，写作是果。（4）初步提出了小学语文读写结合的实施设想。

裴：第三时期的情况呢？

汪：读写结合教学试验时期——1949年至1976年关于读写结合的教学试验及其研究。1954年，北京市第三女子中学率先进行了写作与阅读结合的教学试验。1960年，辽宁省黑山县北关实验小学在作文教学试验中采用了读写结合型的仿写教学。1962年北京市景山学校、1964年北京师大附中周学敏老师等进行读写结合的课堂实践，积累了宝贵的经验。特别值得一提的是，从1963年起广东省潮州市六联小学丁有宽老师在"差班"开始的读写结合试验。他的主要思想有：（1）理念。以读为基础，从读学写，写中促读，突出重点，多读多练。（2）策略。杂中求精，打好基础；乱中求序，分步训练；华中求实，突出重点；死中求活，交给规律。（3）做法。从读带写，以写促读；从篇着眼，从句入手；从有法到无法；从仿到作；从放到收；从述到作。

裴：有目共睹，丁有宽老师对读写结合做出了很大的贡献！

汪：是的，丁老师以崇高的事业心、科学的方法、求实的态度，50余年如一日致力于读写结合探索，主编了一纲二制读写结合教材，建立起"读写同步、一年起步、系列训练、整体结合"的教材体系。这是中国小学语文教材史上个人主编教材的开端，是小学语文教材发展史上的一个突破。丁老师是当代读写结合实践和研究的杰出代表。

裴：第四个时期呢？

汪：读写结合理论探讨时期（1976—2018年）。这时期，张田若、朱作仁、田本娜、汪潮、潘新和等教授对读写关系进行了较为系统的学理分析。

裴：历史是明镜。谢谢您对读写结合的历史发展做了如此详细的介绍。

您对读写结合颇有研究和建树，能不能介绍一下您对读写结合的一些研究成果？

汪：很乐意与大家分享我的一些粗浅认识。我1988年考取杭州大学硕士研究生，师从朱作仁教授三年。曾独赴广东省潮州市六联小学，专程访谈丁有宽老师18天。也在杭州多所小学做过有关读写结合的课堂教学实验。我先后发表的有关读写结合的文章和专著有十多篇（本）：

《三年级学生的仿写特点与仿写教学》，《浙江教育》1984年第4期。

《中国语文读写结合心理学研究》，《浙江外国语学院学报》1991年第2期。

《中国语文读写结合相关研究》，《杭州大学学报》1991年第4期。

《阅读教学类型对写作影响的实验研究》，《小学教学》1992年第7期。

《丁有宽的教育思想与教学法》（专著），广东教育出版社，1993年1月。

《中国语文读写结合研究》（专著），华东师范大学出版社，1997年6月。

《关于语文的读写结合》，《语文世界》2002年第1期。

《读写结合的历史追溯》，《小学语文教学》2002年第3期。

《语文学理》（专著，第二十六章论述了"读写互动心理"），杭州大学出版社，2013年6月。

裴：汪教授著作等身，学有专攻，向您学习！我也要把这些文章和著作推荐给广大读者，让他们也读一读。

汪：谢谢！我只是尽我所能，做了一些力所能及的事，没有什么值得夸耀的。

关于读写互动

裴：汪教授，读写互动与读写结合有什么不同吗？

汪：在我的专著中把读写互动定义为："阅读和写作的紧密联系和相互作用的辩证统一。"这个定义包含三个学术要点：（1）"紧密联系"包括内容、形式、方法、思想等方面的联系。（2）"相互作用"有两种组合（读—写、写—读）。（3）"辩证统一"指内容与形式、学习与运用。可以说，读写结合是单向的、经验性的、随性的，而读写互动是双向的、理性的和更为科学的。

裴：那么到底怎么理解"读与写互动"的关系呢？

汪：根据我的初步研究，可以从以下两个方面加以考察：

一是从语文学习规律看。

阅读是从语言文字到思想内容的理解过程，写作是从思想内容到语言文字的表达过程。虽然阅读和写作有内化的理解和外化的表达的区别，但他们又具有共同性：

从要素上看，阅读和写作都有材料、结构、表达方式等因素。

从内容上看，阅读和写作都是以生活经验、思想认识和心理水平为基础。

从形式上看，它们都以语言文字为工具。

从学习的程序上看，它们都是从词到句，从句到段，从段到篇，循序渐进。

阅读和写作的这种同步性，使读写互动成为完全可能的事。读写互动符合语文学习的特点和规律。

二是从语文心理学看。

语文教学心理学的研究表明：阅读和写作是两个不同的心理过程，前者是自外而内的意义吸收，后者是自内而外的思想表达，但这两个心理过程之间又是可以互相沟通的。从阅读过程的心理机制看，阅读存在两个心理"回合"：一是从感知语言文字入手，由词到句，由句到段，逐步理解，从而把握课文的中心思想，这是一个从语言到思想、从形式到内容、从外表到内部、从部分到整体的心理过程。另一个是从上一"回合"探索到的中心思想出发，研究作者是如何围绕中心选材组材、布局谋篇、遣词造句的，这是从思想到语言、从内容到形式、从内部到外表、从整体到部分的心理过程。这两个"回合"恰好相反，前一个"回合"是基础，但有待于发展到后一个"回合"。一个完整的阅读教学过程，不仅要实现第一个"回合"，也要实现第二个"回合"。在低年级的阅读教学中，一般重在第一个"回合"的引导，而中高年级则必须把握两个"回合"的结合。第二个"回合"恰好与写作的心理过程相吻合，从这个意义上说，阅读教学已包含了习作教学的指导。

裴：汪教授，您是专门研究语文学理的，能不能进一步阐述一下读写互动的心理机制？

汪：可以试试。这里主要介绍两个重要的机制：

一是模仿机制。早在1984年我读大四时就在《浙江教育》上发表过《三年级学生的仿写特点与仿写教学》一文，专门讨论过读写之间的模仿机制问题。我一直认为：小学生写文章是一种模仿范文的活动。

读写互动是以仿写起步的，仿写是读写互动的最基本形式。仿写的心理活动主要是模仿，通过模仿这一心理活动使阅读和写作互动起来了。如果离开了模仿，读写之间就无法互动。模仿是读写互动的心理基础。模仿心理学成为读写互动的心理学理论基础。

根据我的教学观察（1984年）和教学实验（1990年），小学生仿写水平可划分为四级：

一级是句型仿写。这是仿写的初级水平。对范文的句子进行仿写，能把句子写完整。它的心理特征是识辨句型。小学1、2年级学生仿写多数处在这一水平。

二级是结构型仿写。从课文范文中寻找相应的写作方式，表达一定的人、事、景物。多数是记叙文结构仿写。它的心理特征是认识简单的结构。小学3年级学生处在这一水平。

三级是综合型仿写。开始从几篇范文中进行综合型模仿，突出写特征。它的心理特征是比较。小学4年级学生多数处在这一水平。

四级是初创型仿写。在借鉴范文的基础上具有初步的创造性，仿范文之形，写出自己的真情实感。重点是开展文思的训练。它的心理特征是联想。小学5、6年级学生处在这一水平。

根据我的初步研究，学生的仿写水平提高的一般趋势是：从形式的模仿到内容的模仿，从外部特征的模仿到内部实质性的模仿，从机械性模仿到创造性模仿。

二是迁移机制。读写迁移是一种复杂的心理现象，迁移的效果如何，受下列诸条件的制约。

阅读和写作的共同因素，是读写迁移的客观基础。学习迁移取决于两种情境中所具有的共同要素，先前的学习与后来的学习之间包含着的相同要素越多，迁移就越容易。为了使阅读和写作之间产生迁移，首先要寻找阅读和写作中存在的共同因素。下面是我画的一张读写互动共同要素示意图：

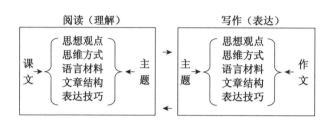

认知心理学认为，人在学习中会形成各种有效的认知结构，当解决面临的问题时，就利用相似的联系在已有的认知结构中寻找要解决的问题相关的"思维组块"，借以对照、分析、推理，以解决实际问题。所以，知识的作用，主要不是知识量的作用，而是良好的知识结构的作用，即"思维组块"的作用。一个人的知识量虽多，但是如果没有将知识系统化，形成有效的知识结构，那么最多只能解决记忆性的问题，而对于需要分析、综合、归纳、推理才能解决的新问题就困难了。读与写的对应关系，为学生的读写迁移提供了良好的"思维组块"。当学生面临有关的读写任务时，就会顺利地利用这些"组块"，达成阅读和写作之间的沟通和运用，形成迁移能力。

裴：您这说的是客观因素。主观因素该怎样认识呢？

汪：对的。主观因素指的是学生的认知结构。这是读写迁移的主观条件。学生的认知结构与学习迁移息息相关。学生的认知结构各有特点，主要表现为认知结构的变量各异。所谓结构变量，是指个人认知结构在内容和组织方面的特征，包括认知的可利用性、辨别性、稳定性和清晰性四个方面。

首先是认识结构的可利用性。可利用性是指认知结构中适当的起固定作用的观念的可利用度。如果学生的认知结构中有较高抽象、概括水平的起固定作用的观念，能对新的学习提供最佳关系的固定点，那么新旧学习内容则可通过"适应同化"（对共同要素的包容和吸收，纳入原有的认识结构)或"顺应同化"(对不同要素在重新组织认识结构基础上的吸收)产生学习迁移。如果原有认识结构里没有或只有些肤浅的起固定作用的观念可以用来"同化"新知识,学生对新知识则只能获得不稳定的和含糊的意义,并导致迅速遗忘,学习迁移就难以产生。

其次是认知结构的可辨别性。可辨别性是指新的学习任务与同化它的原有观念系统的分离程度。人对知识的记忆有还原趋势,在新的学习中往往以原有的知识倾向先入为主,即新知识常常被理解为原有知识。如果认知结构观念的分辨度低、可辨别性差,对新的学习内容就会因不能清楚分辨而被原有知识代替。例如,小学3年级主要是记叙文教学,也已开始接触说明文教学。如果在说明文牢固掌握前要求学生在作文中运用,学生常常把说明文写成他们熟悉的记叙文,这就是由于认知结构可辨性差而导致的学习上的负迁移。

再次是认知结构的稳定性和清晰性。奥苏伯尔的研究发现,学生先前知识的掌握牢固程度与以后学习有关知识成正相关。布卢姆也认为,前面的学习的掌握达到80%~90%的正确率,才能开始新的学习。人们公认,只有巩固而清晰的知识才能迁移。稳定性为新的学习提供同化的固定点,清晰性为新的学习指出同化的方位点。为了实现读写迁移,在阅读教学中,既要提高知识的熟记程度,以提高阅读教学内容的稳定性,又要注意教学内容的层次性和序列化,以增进阅读教学内容的清晰性。

裴:对的。说得深刻。

汪:还有阅读理解水平。从阅读对写作的迁移看,阅读理解水平直接制约迁移的效果。迁移需要分析新旧知识的本质联系,没有对旧知识的理解,既不能用原理、法则去概括新知识的本质属性,也无法形成新旧知识的联系,迁移就难以产生。学生的阅读理解水平越高,其积累起来的认知结构的可利用性就越多,可变性就越强,稳定性就越好,清晰性也越明显,这样,在写作中的迁移速度越快,迁移的范围越广。从学习过程的整体性、连贯性来看,迁移需要理解,并在理解中进行,二者相辅相成,互相促进并转化。

还应指出,一般来说,读写互动中的阅读和写作无主次之分,也无轻重之别。我们强调阅读向写作迁移，并不意味着阅读只是简单地为写作服务而轻视阅读，阅读还是口语的基础，而且提高阅读能力本身就是重要的任务，况且写作能力的提高也会促进阅读。

裴：您分析得深入而精辟！我曾经在一本书上看到过您做过读写互动的有关实验，不知能否介绍一下？

汪：完全可以。受时间限制，这里我只能介绍一些初步的研究结论，供大家参考。

关于读写关系的"量"。我曾提出两个"汪氏理论"：一是"汪氏系数"。根据我对众多数据的相关分析，读写之间的相关系数为0.3966。二是"汪氏百分理论"。根据我多年的观测，各种因素对作文的贡献率为：素材20%、思维20%、写作技巧20%、阅读40%。

关于读写互动的实验结论有：（1）读写结合比不读只写更有利于提高学生的写作水平。（2）提高读写质量的重要条件是范文指导。（3）不同的读物对学生习作影响的效果是不一样的。课文最有益。（4）范文文体（状物、记事、写人）与习作的文体之间存在相关性。（5）阅读类型（积累性阅读与理解性阅读）对作文水平的提高有积极影响，但后者比前者更有效。（6）习作教学对阅读也有积极影响。习作教学使阅读变得容易，对文章结构的理解更明显。这些在我的文章中都有实验的论证。

裴：汪教授，您真厉害。不仅从定性角度进行了深入的质性研究，而且从定量的角度进行了量化分析。据我所知，您是量化研究读写互动的第一人。谢谢您的创造性劳动！

汪：谢谢！过奖了！

关于读写一体化

裴：汪教授，很想听听您对读写一体化的高见。

汪：谈不上什么高见，只是与大家交流一些想法。读写一体化主张读中学写，写中促读，读写结合，相得益彰。它的整个教学过程就是训练学生读写的过程，就是提高学生读写能力的过程。

这有一个读写一体化的定位问题。这里的"读"包括读完整的文章、读非连续性文本、读整本书、读信息、读生活、读人生……也包括"看"和"听"。这是一个全面吸收信息的过程。这里的"写"有写全文、写片段、写句子、写词、写批注……也包括"说"。"写"的形式更加多样化了，有抄写、听写、仿写、续写、改写、评写……这样，就把"读"和"写"的外延扩大了。

裴：是的，定位更新、更宽、更高了。近期，看过汪教授关于语文文化的文章，不知您对读写一体化有无文化学上的思考？

汪：这个问题提得好！读写一体化有一个"新文化"的问题。首先，从文化观照看，"写集中体现语文水平"。都说"得语文者得天下"，更准确地说，"得作文者胜语文"。

如果从新文化角度审视读写一体化，就不能拘泥于读写，应拓展到语文素养提升。不能拘泥于语文，应该延伸到生活和人生的发展。

裴：说得极是！那读写一体化有不同的教学目标？

汪：是的。要基于语文核心素养提出读写一体化的目标构架。我曾撰文提出我对语文核心素养的认识。（详见《关于语文核心素养内涵的解读》，《小学教学研究》2017年第10期）首先是语文学习态度，其次是语言文字素养，再次是语文文化修养。据此，读写一体化的教学目标应该初步规定为：良好的读写态度和习惯、读写中的语言理解和运用、读写中语文文化的交流和表达。

用课文教作文，对语文教师的整合思维要求较高，要在整体观照下找到读写一体化的切入点。下面我重点讲讲第二个教学目标的切入点：文章情节的梳理与理解、语言词汇的积累与运用、主题内容的提取与转化、结构写法的模仿与迁移。

裴：说得好极了。

汪：更为重要的是，读写一体化具有重要的学理依据。我认为，读写一体化符合认知心理原理。最典型的是丁有宽老师提出的七条读写对应规律，使得读写之间的学习迁移更具有稳定的性质，并带上学理的色彩。

（1）阅读学解题与作文练审题和拟题相对应。

（2）阅读学概括中心与作文练怎样表达中心相对应。

（3）阅读学分段、概括段意与作文练拟写作提纲相对应。

（4）阅读学区分课文内容的主次与作文练怎样安排详略相对应。

（5）阅读学捕捉中心段与作文练怎样突出中心相对应。

（6）阅读学品评词句与作文练怎样遣词造句相对应。

（7）阅读学作者怎样观察事物与作文练观察的方法相对应。

以上读写对应规律的提出，是符合认知心理学关于寻找"思维组块"以解决实际问题的学习迁移原理的。认知心理学认为，人在学习中会形成各种有效的认知结构，当他解决面临的问题时，就利用相似联系在已有的认知结构中寻找与要解决的问题相关的"思维组块"（相似块），借以对照、分析、推理，实现问题的解决。所以，知识的作用，主要不是知识量的作用，而是良好的知识结构的作用，即"思维组块"的作用。一个学生知识量大，但未把知识系统化，形成有效的知识结构，则只能解决记忆性的问题，不能解决复杂的问题。丁有宽提出的七条读写对应规律，正是提供了良好的"思维组块"。当学生面临有关的读写任务时，就会较顺利地利用这些"组块"，达成知识的沟通和运用，形成迁移能力。

裴： 说得很有道理！

汪： 谢谢！所以，读写一体化要有新思路。读写之间是辩证的，是有机渗透的。要防止"三性"：（1）自然性。文章读多了，就自然能写了。（2）机械性。读什么就写什么。（3）随意性。随意学一点就结合一点。

读写一体化新类型就更多了：有显性结合、隐性结合，有课内结合，也有课外结合。课内的代表人物是丁有宽老师。课外的代表人物是浙江省义乌市绣湖小学王鸿老师（著有《打开童书学语文：童书读写联结的研究与实践》）。读写一体化的课堂实践者是浙江省衢州市教研室的施燕红等老师。

裴： 那读写一体化策略也应该有所变化！

汪： 是的。我想提出四个新策略供大家参考：

一是从习作角度教阅读。这就要求四个特别"关注"：关注整体、关注结构、关注语用、关注写法（词法、句法、章法）。

二是开放读写之间的"度"。读写一体化并不是读写一同化，应有适当的"开放度",读与写要有一定的"距离感"。

三是增加片段练习(小练笔),减少全文写作。

四是转变读写之间的"型":训练与感悟的关系。二者的策略不同:感悟重整体,训练重部分。二者类型各异:感悟多隐性结合,训练多显性结合。二者的效果也不一样:感悟求感知,训练求理解。

裴:说得真好,谢谢!

汪:最后说说读写一体化的课型。从顺序看,它可以是先读后写、先写后读,也可以是边读边写。从形式看,它可以有三种组合:基于"迁移"的读写一体化,基于"主题"的读写一体化,基于"整合"的读写一体化。

裴:上面您围绕"读与写的关系"这个话题,从"读写结合""读写互动""读写一体化"三个层面简明扼要地阐述了您的研究成果和观点,对于所有关心小学读写教学的人来说,应该很有启发。你既高见远识、整体观照,又表述清晰、细节落实,无愧为语文大家。最后,我代表读者谢谢您,感谢您和我们分享对这个问题的深入思考和独到见解。

访谈嘉宾

汪潮,浙江外国语学院教师培训学院培训部主任、教授。小学语文研究院学术院长、小学语文博物馆馆长、小学教育研究所所长。浙江省中小学作文专业委员会理事长,教育部"国家级培训"专家。长期从事小学语文青年名师培训。至今已在《教育研究》《语文教学通讯》等刊物上发表论文400余篇,出版个人专著九部,曾主编中华书局《小学语文》教材一套。获浙江省人民政府颁发的浙江省教学成果二等奖两次,获教育部颁发的优秀科研成果三等奖两次。应邀赴国内外做学术报告600余场次。被聘为华东师范大学国家级培训讲座教授,上海师范大学兼职教授,南京师范大学国家级培训主讲教授,丽水学院兼职教授,杭州师范大学硕士生导师。

张赛琴

小学语文"读写教学"内容体系的探索和实践

裴：张老师，您好！听说您这几年一直在进行"读写教学"的研究和实践？

张：是的。"读写教学"是相对于"阅读教学"低效化而做的探索。我国小学语文阅读教学，无论是在理论研究中，还是在实践研究中，似乎都过分注重"阅读"的研究，即过分注重课文思想内容的研究。一篇课文教下来，学生了解了课文内容，却不知道课文是怎么写的，课文语言也是记忆不深、背诵不全。

一直以来，我常质疑"阅读教学"的说法。因为"阅读"的字面意义是读书并了解内容，"阅读教学"的字面意义就应该是指导读书并了解内容的"教学"，所以语文教师在课堂上，指导学生读书，重点理解课文内容，似乎也是顺理成章的事。

我无意另立语文教学的"新概念"，但是我想把"阅读教学"稍稍偏过一点，说成"读写教学"，以强调读写相依，以读带写，以写促读，做到读进去写出来，体现课程标准提出的"语文教学致力于提高学生语言运用能力"的性质。

裴：您提出"读写教学"的说法，让我想起了30多年前丁有宽老师提出的"读写结合"的教学理论。几十年来，很多语文教师都赞同"读写结合"，但是到了课堂上，往往是读没读好，写没写好。您所说的"读写教学"，能否说得更清楚一些呢？

张：好的。我这样定义"读写教学"。

"读写教学"之读,一是阅读课文内容,二是研读课文写法,三是品读语言表达奥秘。"读写教学"之写,是着眼于课文内容、写法、语言而设计的"习作"实践。"读写教学"有明确的学段目标:

第一学段(1~2年级),结合课文例句,着重"句子"读写,能写意思清楚完整的短句和内容连贯生动的长句。

第二学段(3~4年级),结合课文例段,着重"段式"读写,掌握"把几个句子连成段落"的常规段式,有条理地安排各段落的内容。

第三学段(5~6年级),选择富有特点的典型课文,着重"章法"读写,通过各种写作练写,使学生掌握几种常用的谋篇构段的章法。

裴:这些要求,相对于平常的"阅读教学",似乎有点强硬。我担心强调了读写任务,而失去"语言文字"的趣味。还有,着重了读写研究,会不会影响到理解课文内容?

张:教学的趣味,关乎教学内容和教学手段。我认为,如果教学内容单一,教学手段不当,学生得不到有效的学习实践,即使课堂教学热热闹闹,教学手段花样很多,如果无助语言能力的提高,那也不能视作有趣味。教学内容丰富,教学节奏合理,教学活动时而安静时而热闹,身心俱在学习境界,有参与学习的愉悦性,有获得提高的满足感,才是学习的真正趣味。试想,观看一台自始至终热闹华丽的"文艺表演"和观看一部扣人心弦的优秀电影,哪个更让人魂牵梦绕?

当然,在"读写教学"的研究探索中,应该努力使"读"的形式符合学生的心理,"写"的内容符合学生成长的需求,形式上生动活泼一点,过程中快乐轻松一点,使"读写教学"保持可持续发展的学习动力。

还有,从课文的语言文字入手组织读写教学,能够更准确更清晰地理解课文内容。就如张志公先生说"教学语文,让学生通过语言文字去理解课文内容"。再说,理解课文内容并不是语文教学目的,而应"在理解课文之后再进一步去体会语言文字的运用,使学生的语文能力有所提高"。这里的"通过语言文字"和"体会语言文字",在我看来,就是读写教学实践,绝不是脱离课文语言文字的微言大义。

裴:好吧,我想请您具体谈谈在小学三个学段是如何开展"读写教学"的。

第一学段应该重视句子的读写

张：那我先谈第一学段句子的"读写教学"实践。句子是几个词语连起来，表示一个相对完整意思的语言单位。依据第一学段语文教材里出现的短句、长句、单句、复句、语气不同的句子、修辞各异的句子形式，我设计句子"读写教学"的目标是，把句子写完整、写通顺、写生动，让低段学生比较快速地完成从口语到书面语的过渡。

裴：听起来，句子的读写教学目标很具体很实在。您有探索句子"读写教学"的内容体系或"训练目标"吗？

张：有。为避免句子"读写教学"的无序性，我研究了第一学段句子读写内容的序列，这里仅举几例：

1年级：

（1）学写意思完整的陈述句。例句选用："我是中国人。"（选自《我是中国人》）

（2）学写内容通顺的句子。例句选用："从前，有一棵树，树上只有一个鸟窝，鸟窝里只有一只喜鹊。"（选自《树和喜鹊》）

（3）用叠词把句子写生动。例句选用："弯弯的月儿小小的船，小小的船儿两头尖。"（选自《小小的船》）

（4）准确运用量词造句。例句选用："一只海鸥，一片沙滩，一艘军舰，一条帆船。"（选自《场景歌》）

（5）用拟人修辞写形象生动的句子。例句选用："草芽尖尖，他对小鸟说：'我是春天。'"（选自《四季》）

2年级：

（1）用拟声词把句子写生动。例句选用："青蛙的诗写成了：'呱呱，呱呱……'"（选自《青蛙写诗》）

（2）学写意思并列的句子。例句选用：天一亮，喜鹊们打着招呼一起飞出去了，天一黑，他们又叽叽喳喳地飞回窝里，安安静静睡觉了。（改编自《树和喜鹊》）

（3）学写"谁，怎么做"的句子。例句选用："雪孩子冲进屋里，冒着

呛人的烟、烫人的火，找哇找哇，终于找到了小白兔。"（选自《雪孩子》）

（4）学写意思丰富的长句。例句选用："小公鸡不信，偷偷地跟在小鸭子后面，也下了水。"（选自《小公鸡和小鸭子》）

（5）学写"什么，怎么样"句子。例句选用："小水珠躺在荷叶上，眨着亮晶晶的眼睛。"（选自《荷叶圆圆》）

以上列举了十种常用句子，基本涵盖了第一学段语文教材中的各类句式，形成了第一学段"造句写话"能力训练的基本面。当然，随着句子"读写教学"实践的深入，还应有补充、改进、提高。

裴：了解了句子"读写教学"的内容后，句子读写训练又是怎样设计的呢？

张：从认知的规律看，知识的掌握需要经历"感知—理解—巩固—运用"的练习过程，句子读写教学也要经历"理解"到"熟悉"再到"运用"的过程。其中，理解是基础，熟悉是发展，运用是目的。这里举一例，例句选自《雪孩子》，内容是练写"谁，怎么做"的句子。

课堂教学是这样的：

在学生基本了解《雪孩子》的课文内容后，出示课文例句："雪孩子冲进屋里，冒着呛人的烟、烫人的火，找哇找哇，终于找到了小白兔。他连忙把小白兔抱起来，跑到屋外。"

第一步，理解例句内容是"雪孩子救小白兔"。再根据"屋里、屋外"两词，把雪孩子救小白兔的过程分成两个层次。

第二步，结合课文内容演一演"小山羊怎么救火"的句子，再写一写。

第三步，教师有意加大难度，说："火势越烧越大，小猴子会怎么做？"学生们纷纷议论，出了一些主意，最后一致认为要"赶紧报火警"，于是就写出如下的句子：

"小猴子和小山羊一起捧雪灭火，但火势却越烧越大。小猴子赶紧拨打'119'，一会儿就听见'呜哇，呜哇'的声响，消防车开来啦，消防员叔叔从小河里接来水，扑灭了大火。"

看这个教例，第一步教学，重在理解"雪孩子救小兔"的内容。第二步教学，拓展练写"小山羊怎样灭火"的句子。学生曾经想"到小河端水",但又觉得"远水救不了近火";后来由"雪孩子"想到门外有积雪,于是"小山羊就捧雪灭火"。第三步教学,难度加大,面对越来越大的火势,小猴子应该怎样灭火?想来想去,学生认为小猴子应该"拨打'119'",于是就有了"消防车灭火"的内容。

可见,句子的"读写教学",既让学生理解了课文内容,也发展了学生思维,更利于语言的发展。

第二学段应该重视段式的读写

张:我接着说第二部分的内容。第二学段的段式读写,是小学习作教学的关键阶段,它立于第一学段的写句基础,又是第三学段的成篇习作的铺垫。当然,只要在第一学段扎实地进行了句子训练,第二学段的段式读写难度就不大。

段式读写的研究,在学术领域比较少见,第二学段的段式教学也比较疲软。从句到段的研究空间比较大。

裴:您是怎么研究的呢?

张:我选择了人教版、苏教版第二学段语文教材里的100多个段落,从内容到形式再到语言,一段一段地研读过去,划分出四个基本类别:总分段式、虚实相济、按顺序表述段式、四要素段式。

其中的第一大类总分段式,占据了第二学段的"半壁江山",这个大概念里的具体内涵最值得玩味。不揣浅陋,我将总分段式细化为以下四种:

(1)总分要点式。比如《威尼斯的小艇》第三节:抓住"速度极快,行船极稳"两个要点,写出"船夫的驾驶技术特别好"。

(2)总分动静式。比如《荷花》第二节:以描写静态的荷叶和动态的荷花,写"荷花已经开了不少了"。

(3)总分对比式。比如《海底世界》第三节,举例四类动物,形成两组对比,说明海底动物各有各的活动特点。

(4)总分详略式。比如《家乡的桥》第三节,略写最简单的桥,详写最漂亮的桥。

第二类是虚实相济的段式。所谓"实"是真实的记叙,"虚"是议论、抒情、联想的内容。比如《登天都峰》第一段既描写了"峰很高"的内容,又抒发了"峰太高"的感受。

第三类是按序记叙的段式。这里的"序"就是顺序。比如按时间顺序写的《花钟》第一段,按方位顺序写的《观潮》第二段等。

第四类是四要素段式,也就是在一个段落里有时间、地点、人物、事情的交代和记叙。比如《观潮》。

我的研究实力欠缺,段式命题在理论上不够严谨,但是,我希望这些朴实的命题语言,能让学生在观察、阅读、写作时获得具体的启示。

裴：您过谦啦。张老师,段式的"读写教学"您又是如何展开训练的呢?

张：同样地,按照认知规律,段式的"读写教学"也应该设计成理解—熟悉—运用的过程。举个例子,选自《花钟》第一段。

课堂上,在基本理解《花钟》的课文内容后,就选择第一段落进行教学。

（1）理解这个段落,须完成这些内容：①画出中心句,用"花开一天"四字概括。②根据内容练写短句。比如：凌晨四点喇叭花开；五点蔷薇花开。③运用花儿开放的词语,用拟人的方法写句。比如：喇叭花开,像吹起了紫色的小喇叭；蔷薇花开,像绽开了笑脸……

（2）熟悉这个段落,只完成一个任务：在多媒体中寻觅和拟人句相似的花卉图片,感知各种花儿开放的形态。

（3）仿写这个段式,写作《花开一年》的短文。经过网络查询,得知一年的花期是：正月兰花,二月迎春花,三月桃花,四月石榴花,五月槐花,六月荷花,八月桂花,九月菊花,十二月腊梅。然后允许学生在wifi环境下,通过电脑、平板、手机等,在网络上寻找九种花绽放的图片,用拟人的修辞,描述各种花儿争奇斗艳的形态。而多媒体显示的花开画面更生动、更艳丽,学生看得认真,想得具体,写得形象。

这个段落"读写教学",重视了段式构思和语汇运用的训练,尽管写作任务比较重,但学生还是说"太有意思啦!"

第三学段应该重视篇章的读写

张：我接着说"篇章"的"读写教学"。如果第二学段的段式教学扎实，第三学段篇章的"读写教学"难度就不大。因为段落就像篇章的简缩版，篇章就像段落的扩大版。段落由篇章脱胎而来，两者之间有一脉相承的基因，行文思路有很多相似点。很多时候，用段式研究的理论，去品读第三学段的课文，会有一目了然、似曾相识的亲切感。

我找到国内多个版本第三学段的语文教材，先是通读了一遍，觉得每篇课文的写法和语言都是那么生动、合理、精美。我选取一些典型课文，对文章的构思方式做了品析，还自以为是地给予命名，使文章的表达形式更为简明。比如：

（1）总分并列式：《林海》——并列描写岭、林、花、林场的景物特点。

（2）略写和详写：《从百草园到三味书屋》——略写一般景物，详写泥墙根一带的趣味。

（3）特写加叙述：《钱学森》——特写钱学森回国时在太平洋上的镜头，记叙钱学森回国的经历。

（4）故事连接式：《诺贝尔》——连接诺贝尔研究爆炸油、黄色炸药、黑色炸药的三个故事，表现伟人的品质。

（5）场面与描写：《卢沟桥烽火》——重点描写卢沟桥失守、宛平城血战、夺回卢沟桥的三个场面，表现抗日烽火的激烈。

（6）背景和主角：《青海高原一株柳》——以青海高原的生存背景衬托"一株柳"的坚毅品质。

（7）人物对比描写：《林冲棒打洪教头》——林冲与洪教头的"棒打"对比，凸显人物特点。

（8）夹叙夹抒情：《在大海中永生》——在叙述"骨灰撒大海"的情景中，分层抒发痛悼、怀念、歌颂伟人的感情。

裴：听起来感觉信息量很大，其中的章法知识一定不少。请您讲解一个案例吧。

张：比如《林冲棒打洪教头》，可以选择对比阅读的"内容点"有以下几个：

（1）洪教头的粗俗和林冲的谦逊的对比。

（2）洪教头的"狂言"和林教头的"谦辞"的对比。

（3）洪教头和林冲的"棒戏"对比。

若把品读的这个"点"落到洪教头和林冲手里的"棒"上，对比之下的人物形象真是栩栩如生、妙不可言。

比武前：

洪教头拿起一条棒掂量一番，独自耍了一阵。

林冲只好也从地上拿起一条棒来说："请教了。"

比武中：

洪教头把棒在地上猛敲一下，使出个"把火烧天"的招式。

林冲把棒一横，还了个"拨草寻蛇"的招式。

洪教头举起棒朝林冲劈头打来，林冲往后一退。

洪教头这一棒落空，却又提棒，林冲便抡起棒一扫。

比武结束：

洪教头手里的棒甩出老远。

先说这"比武"过程中的洪教头：

比武前，他"独自耍棒"，凸显盲目自大的形象；比武中，他"猛敲棒、举起棒、又提棒"，是倚草附木擅作威风；比武结束，他"甩棒"，则是败相毕露。三出"棒戏"，连贯地刻画出洪教头的低劣形象。

再品"比武"另一头的林教头：

比武时，他"拿棒"说"请教"，表现了禁军教头风范；比武中，他"横棒还招，抡棒一扫"，体现出干脆利落的精湛武艺。林冲的这"棒"与洪教头的那"棒"一对比，形象之高下、品质之优劣、武艺之强弱，一目了然。

教学时，我设计了这样几步：（1）分角色朗读；（2）着眼比武过程，分层解读"棒戏"；（3）同桌合作，试着给洪教头和林冲添加人物内心活动；（4）自选一个人物，选用叙议结合的段式，各自交一篇《小议某某》的短文。

再举一例篇章"读写教学"。

《卢沟桥烽火》这篇文章有报告文学特点,场面描写形象生动。我在研读课文时,理出的"读写教学"思路是,把类似报告文学的文章改编成简明扼要的新闻报道。于是设计了这样的教学计划:

(1)读课文,用一句话概括卢沟桥事件。(作为新闻标题)

(2)读课文,用一段话概述卢沟桥事件的时间、地点、人物、事情、结果。(作为新闻导语)

(3)读课文,用几段话,分别记叙卢沟桥失守、宛平城血战、夺回卢沟桥三段情节。(作为新闻主体)

在简单地讲述"概括""概述""记叙"的写作概念后,学生就自主阅读写作,可以向老师提问,同桌可以讨论,但须独立写出新闻。明确的任务驱动了学习的自觉性,待学生基本完成写作任务后,教师要按照新闻文体做具体评讲,学生再修改,直至有点新闻模样。最后对比阅读《卢沟桥烽火》,懂得两种文体的不同写法。以下是学生改写的新闻:

两夜三战,中国守军奋勇夺回卢沟桥

【新华社记者奚献蔚7月9日4时报道】中国守军历经三次激战,于今日凌晨3时全歼桥头日军,卢沟桥收复。

7月7日深夜,日军以士兵失踪为由在卢沟桥桥头挑起事端,借机要求进城搜索,遭桥头守军严词拒绝。日军露出真面目,向桥头猛烈开火,我军予以还击,但因敌众我寡,只得暂退宛平。

7月8日凌晨,日军欲攻下宛平。而我军同仇敌忾,打得日军人仰马翻。日军不罢休,用大炮击破宛平东西城门,在炮火掩护下向县城扑来。我大刀队员持刀冲出县城,奋勇砍击,使日军退守桥头。

7月8日晚,我军大刀队员手持大刀,腰佩手雷,悄悄向卢沟桥进发。在桥头,我军英勇举刀袭击桥头,日军猝不及防,多数一命呜呼。随后我援军在日军背后发起进攻,致日军腹背受击,于7月9日凌晨被全歼。卢沟桥收复。

(无锡市沁园实验小学6年级奚献蔚)

从新闻稿的要求看，这篇习作显然稚嫩，但对于提高语文读写能力却很有效。首先是新闻的标题，概括了人物、时间、事件的过程和结果，整篇内容被"压缩"成了一句话；再看文章第一段，用"激战、全歼、收复"三个词语串联出一个长句，概述了事件的全貌。接着看第二、三、四段，作者按时间顺序，把三场战斗的始末叙述得清晰准确。写作这篇新闻，学生必须自主阅读、理解内容，必须把"课文内容"转化成"新闻内容"，必须把非新闻语言文字转变成新闻语言。这样的读写过程，一定能有效提高语文能力。

裴：张老师，您畅谈了小学语文"读写教学"的序列化和有效性，您还举了一些教例，相信会让很多语文老师从中获得启发，并进入阅读教学研究的深水区。请允许我代表读者向您表示感谢！

张：我也谢谢您，谢谢您给我这个机会。"读写教学"的探索与实践虽然非常艰辛，但充满着探索的乐趣。我愿意和大家在这条路上继续前行。

访谈嘉宾

张赛琴，无锡市首批语文名师，江苏省语文特级教师，教育部国培计划专家库授课专家。从事小学语文一线教学40多年，退休前任无锡市清扬实验小学校长，现任无锡市梁溪区名师工作室负责人。专注小学作文课程体系研究近20年，获中国语文报刊协会第一届"作文教学擂台赛"擂主奖。《语文教学通讯》封面人物，新加坡语文教学交流学者。多年来，发表文章100多篇，多篇文章在香港《小学中文教师》发表。出版了《21世纪我们怎样教作文》《新体验作文》《作文好玩》《读进去 写出来》，拍摄了《小学作文教学视频100课》。

第四辑

写作教学评价

郭家海

谈谈中小学写作教学的评价标准

裴：郭老师，您好！多年来您一直致力于中小学写作教学评价研究，今天我想请您谈谈这方面的问题，不知道您是否方便？

郭：没问题。如何展开这个话题，您先跟我谈谈您的想法。

裴：好的，我想请您分成三个子问题来谈。一是当前中小学写作教学评价存在哪些问题？二是国外有没有可资借鉴的中小学写作教学评价标准？三是如何制定合宜的中小学写作教学评价标准？

郭：可以，我们就按照这三个子话题的顺序展开来谈吧。

当前我国中小学写作教学评价存在的问题

裴：郭老师，第一个问题，您认为当前我国中小学写作教学评价存在哪些问题？体现在哪些方面？

郭：当前我国中小学写作教学评价方面的确存在问题，主要体现在三个方面：一是没有统一的、公共的标准，有的只是个人个性化的、感性的标准。从形态上说，写作可以分为自由写作与限制写作，前者多指学生自主写作，后者多指学生被动写作，例如课堂命题写作、考试限时写作等。学生的自由写作以日记为代表。一些小学在学生习作初期会要求他们写日记并上交检查，这属于半自由写作，教师的评价基本上是没有标准的，有的重在选材，有的重在结构，有的重在语言，有的重在叙述，甚至有不少教师对学生日记、随笔的评价不是基于写作的视角，而是从思想情感的视角，让日记变成一种情感交流、信息交流的载体，这时日记写得好与不好的标准就更主观了。有时候一些限制写作也是没有标准的，例如竞赛作文评选，有的评委侧重构思，有的侧重语言，有的侧重描写，等等。"没有统一标准"是中小学写作教学长期处于混乱状态的最主要问题。二是标准没有针对性。这主要体现在中小学课堂写作与考场写作方面。客观地说，中小学写作主要都是课堂写作与考场写作，尤其是中学，自由写作的份额已经相当少了。中小学的课堂写作与考场写作是有标准的，但是，这些标准主要是学段结束考试的标准，小学就是6年级小学毕业的标准，初中就是中考评分标准，高中就是高考评分标准，既缺少年级的针对性，也缺少文体的针对性。也就是，4年级、5年级可能就是用6年级的标准，初一、高一也用中考、高考的标准；不管是写人散文、记事散文，还是抒情散文，都是一个标准。没有年级、文体针对性的标准，是令学生害怕写作文的最重要原因。三是标准没有发展性。主要体现在两个方面，其一，缺乏小学—初中—高中贯通的具有发展性的标准；其二，现有的一些标准都是终结性评价的标准，着眼于全篇的标准，没有过程性评价的标准、着眼于某一能力专项的标准。

裴： 您曾经考察过我国上个世纪百年写作教学史，请您从我国中小学写作教学的历史维度，谈谈这个问题。

郭： 好的。我国现代中小学写作教学的研究具有两个特点：一是传统积聚深，二是研究起步晚。二十世纪二三十年代的学者普遍认为写作标准有两个评价指标：内容、形式。由于这种评价指标提炼太过简单，二十世纪后半期，学者们开始扩展到四至七个评估评价指标。其中，二十世纪八十年代，教学法专家几乎达成共识，认为有五个评价指标：中心、题材、结构、表达方式、语言。田澜、朱作仁等则通过实验法，分别提出六或七个评价指标。六或七个评价指标与此前的五个评价指标只是在名称、角度上有些许区别，整体上大同小异。二十世纪末二十一世纪初，中外学者开始探索引入"作品质量的层次""作者年龄阶段""读者""交际环境"等核心因素。祝新华结合中小学教学实际情况，提出两个阶段十个评价指标，评价指标与单维评价指标相近，在维度上多了针对小学和中学的区别；林崇德2015年在以前单维研究的基础上提出写作两个阶段五个评价指标，评价指标是着眼于思维的，分别是敏捷性、灵活性、创造性、深刻性和批判性，与祝新华的一样，也增加了针对小学和中学两个阶段的维度，以示区别。进入二十一世纪，在新课改三维目标的影响下，我国开始有学者将情感因素引入写作评价指标之中，比较有代表性的是何文胜和董蓓菲。何文胜于2006年引入"情意因素"，提出写作教学两个维度六个评价指标，六个评价指标的前五个与此前评价指标无异，增添的第六个是情意因素，具体提出两个项目：培养写作兴趣、习惯，书写正确、端正、整齐、迅速。董蓓菲2015年综合了"作品质量的层次""作者年龄阶段"和"情感"这些因素，提出双维两个层次六个阶段写作评估框架表。何文胜的观点是在传统语篇观基础上的些许补充，可贵的是关注到情感领域的评价指标。董蓓菲关注了"层次""阶段"和"情感"，具有一定的创新性，但是，仍有明显的遗憾：第一，没有具体明确的评价指标；第二，情感领域涉及内容简单，难以操作；第三，评价维度缺乏连贯性，1—5年级都是两个维度，6年级只有一个维度；第四，部分维度缺少层级性，失去指标的意义，如"写作信心"维度，1—5年级完全一样，都是"有写作信心"；第五，维度内部具体评价指标分类不准确，大的方面表现在一二层级缺乏对应递进关系，小的方面如"修改"评价指标既在第一层级的"策略"维度里，又在第二层级的综合表述里。由以上历史回顾可以看出，"标准"的问题一直是学者们孜孜以求的问题，但是，整体上因其理论的周延性不足，实用的操作性不够，以致到目前，中小学写作教学标准问题依然是个拦路虎。

裴：是的，郭老师。中小学写作教学需要评价标准。但是从历史的维度看没有解决这个问题，导致今天中小学写作评价标准的问题依然是个很大的问题。

郭：对。

国外可资借鉴的中小学写作教学评价标准

裴：郭老师，听说您在教学之余，还致力于国际写作教学的比较研究，非常深入，收获很多。我想知道的是，国外中小学写作教学有关标准有什么特色，有没有可资借鉴的中小学写作教学评价标准？

郭：国外有关中小学写作教学的研究大致与国内相同，但探索的点比国内更为丰富。西方学者关于写作评价指标的研究也源于成品语篇。门罗和特洛亚于2006年提出五个评价指标：内容、组织、句子、字词、体例。恩格勒特、格伦迪等分别提出过6~10个评价指标，与前者也无甚差别。从数量上看，西方学者提出的评价指标比我国学者多一些，但主要多在词语、标点与语法等方面，本质上仍没有太大的区别。

裴：基于语篇的研究确实是国内外写作评价标准研究的一个共性。请问它有什么优点与不足呢？

郭：从成品语篇维度入手的写作评价指标分析有着一定的优点。第一，积累了悠久宝贵的经验。我国自古就有"言为心声"的说法，我们无法探测一个人内心的真实想法和能力，通过具体的文章评估一个人的素养一直是人才选拔、考核、评价的重要指标，也是学校作文教学最主要的方法。第二，对写作评价指标的认识逐渐深化。近百年来，经过中外学者的不断探索，人们对写作评价指标的认识逐渐从笼统趋向具体。数量上由简单到全面，研究方法上由纯粹的思辨到结合了量化。第三，不同的评价指标培养在不同的学生身上有明显的积极作用。例如材料、语言的积累，增强了学生的知识储备，对有天赋但缺少材料、语言的学生有显著的帮助。第四，从这些具体的评价指标入手进行整班训练，任务明晰，结构简单，在一定程度上降低了操作的难度。

然而，静态语篇写作评价指标分析有着明显的不足，主要表现在五个方面：第一，主要以传统经验与个人经验为甄别标准，取得共识部分陈陈相因，缺乏充分的理论依据。第二，不同的研究者从不同的视角出发，导致有的甄别标准误差太大，乃至无法对话，严重地影响研究的深入。不只是中外写作评价指标区别大，国内不同时期的写作评价指标的区别也很大，就是同一时期不同学者的观点、同一学者不同时期确定的写作评价指标差别也比较大。这种基于静态文本主观思辨式的分析，缺乏科学可信的"公因数"。第三，从评估者角度分析文章所体现的作者素养，不同评估者得出的结论常常有比较大的误差。评估者的自身素养、审美取向各不相同，导致同一篇文章褒贬大异的现象长期存在。第四，限制性写作中，从一次写作、一种文体写作的结果文本评价指标来推断学生的作文素养，难以真正发现问题。不同学生由于个人兴趣、基础、经历等因素常常有不同的文体写作倾向，或者个人身体、心理状态不同也会导致写作水平不同，简单地从一次写作、一种文体写作的结果评估学生的写作能力非常不科学。第五，依据静态成品逆推出"问题"进行训练，不仅难度大、低效，有时甚至会起反作用。针对系列训练的困难，有人提出"微写作"，倡导从学生的实际情况出发，发现一个问题解决一个问题。且不说问题是不是问题，能不能解决，就说"问题"发现的方法，"问题"解决的对象都是问题。

裴：西方写作教学评价的研究除了您说的成品写作研究之外，比较有特色的还有什么呢？它能给我们什么借鉴？

郭：随着信息加工心理学研究成果的推广，二十世纪八十年代起，一些研究者将写作教学研究的目光转向写作的思维与心理维度，认为写作的评价指标主要体现在作者写作的思维、心理过程。国际上从思维心理角度进行研究最著名的人物要推海耶斯和弗拉维。海耶斯和弗拉维用量化研究的方法，在1980年提出了写作的三个评价指标：构思、转换、修改。思维心理写作评价指标分析由成品评价指标分析的关注写作结果转向关注写作过程，由关注文本成品到关注作者自身，由关注静态结果到关注内在思维心理，是写作评价指标研究的一大进步。这种写作教学认知研究的主要优点如下：第一，在语篇型研究的基础上，增加了研究的科学性。过去的语篇研究主要依据经验，即使有研究者尝试运用量化的方法进行研究，其预设的"因素"也是基于经验，而调查的数据也有一定的局限性。过程型研究没有彻底否定语篇研究的价值，而是在其基础上从认知过程的视角进行深入内部机制的探索，取得了一定的科学成果。第二，把作者放到了核心地位。传统的语篇型研究着眼于静态的成品，忽视了写作者主体，是一种对人的生命价值的漠视。过程型写作研究从人的心理机制出发进行研究，在共性的基础上开始关注到写作个体的心理活动。第三，开始真正体现出动态的素养养成。过程型写作素养评价指标研究重视思维过程，重视思维的多样性和写作心理转换的层次性，有利于学生写作素养的动态养成。

但是，思维心理写作素养评价指标的提取思路仍有如下不足：第一，忽视了"思维"与"语言"的本质关系。"思维"与"语言"确实有着密切的关系，然而，二者更有着各自不同的运作过程与逻辑。思维与语言的表达是写作的两个不同的阶段，其运行速度有着较大的误差。研究发现，一分钟内，思维所使用的内部语言可以达到450个字词，口语表达可以达到150个字词，而书面语表达却不超过30个字词。从这个角度看，主要从思维与心理的维度来提取写作评价指标不太严谨。第二，机械套用信息加工心理学理论。信息加工理论是心理学研究的一种上位理论，一些心理学研究者从心理学的视角出发对丰富的写作行为进行研究，如果忽视了作者的情感活动、交际背景、读者需求，其结论必然是机械的，对解决现实问题必然有着较大的局限性。第三，研究思路狭隘，缺乏广泛的运用价值。例如，有从内在思维过程角度入手的研究者认为思维的培养能解决一切问题。其实，思维本身就是一个相当复杂的问题，且不说遗传的因素，就后天可以教育的部分而言，它是多学科综合研究的任务，远远不是一个学科所能完成的。至于从思维视角进一步确定写作教学的核心评价指标为"批判性思维"，更是一种窄化的标志。从心理加工转换角度进行研究的偏狭则表现为将具有丰富情感活动的写作简单化为一个数理逻辑问题的解决。但凡有过写作经历的人都知道，写一篇文章绝不像解一道数学题那么简单。

裴：这样看来，西方关于中小学写作教学评价标准的研究也经历了较为艰难的探索，其探索的成果我们也要辩证地吸收。

郭：是的。我觉得一线语文教师应该多了解一些国内外的写作教学史，从前人那里、从他人那里，汲取写作教学的知识和智慧，这样的话，我们的写作教学才会取得更大的突破、更大的进展。

如何制定合宜的中小学写作教学评价标准

裴：我同意您的看法。接下来，我想请您谈谈如何制定我们的中小学写作教学评价标准。

郭：评价指标理解的纷杂是当前中外母语写作研究者面临的一个根本性的问题。写作评价指标研究的逻辑起点在哪里？如何清晰地描述写作评价标准以使后续的课程与评价得以设计、实施？如何从学习结果出发将理想的评价标准与学生的学习结果建立关联？面对这些问题，我们需要借助现有的心理学、教育学研究成果。二十世纪后期，美国著名心理学家布卢姆选择认知、动作技能、情感三个维度研究教育目标的分类，加涅则将人类学习分成五类，分别是言语信息、智慧技能、认知策略、动作技能和态度。加涅的前三个分类与布卢姆的认知维度一致，后面两个分类分别与布卢姆的动作技能、情感两个维度一致。因此，当前中小学写作评价标准的研究可以确立为三个维度：动作领域维度、认知领域维度和情感领域维度。这三个维度是在布卢姆三个维度基础上的发展，有着鲜明的时代特色。动作领域维度在过去的基础上特别重视信息技术工具的个人运用与互动运用；认知领域维度在过去的基础上特别重视思维能力的培养；情感维度在过去的基础上更加重视与人交往的能力、合作能力等必备品格。

写作评价标准"动作技能"维度主要指纸质书面表达的"书写"和电脑写作的各种信息工具的使用。中小学语文课程标准对不同学段儿童纸质书面表达的"书写"的速度、字数都有具体的要求，日常教学中一线教师对儿童纸质写作的卷面也有较高的要求。随着时代的发展，电脑写作已经成为常态，电脑写作在"动作技能"维度方面的素养主要体现在输入的速度、字数、排版，以及各种信息技术工具的使用。当前信息技术的运用对我国基础教育有着很大的挑战，2014年我国参加PISA测试地区选择了机考测试，研究发现学生运用机测比纸测答题得分率低许多，影响因素包括设备运行不正常、学生信息技术能力不足、屏幕阅读不习惯、答题方式不适应、时间掌控不适当等。在写作方面，由于使用工具的区别，错别字问题在电脑写作中更多地表现为词语录入的失误或电脑光标的跳跃，因此，检查校对也成为电脑写作"动作技能"维度的一个重要方面。

我国文艺领域自古都将"情感态度"作为写作的核心素养。从《诗经》到魏晋风骨、唐诗宋词，再到明清小说和当代大家，均推崇"真情"。刘勰在《文心雕龙·物色》中说："情以物迁，辞以情发。"揭示的就是"情感"

在创作中的重要性。伟大的教育家孔子将学习者划分为"知之者""好之者""乐之者"三个层次，依据的就是兴趣、情感和态度的投入状态。二十世纪以来，我国中小学写作教学领域一直有着眼于"情感"的教学研究，如体验式作文、快乐大作文、情境作文、新派作文等。然而，"情感态度"作为一个写作素养评价指标评估维度一直没有建构起来。究其原因，大概有三个：一是简单因袭文艺创作理论，罔顾儿童实际；二是执于情感一端，不涉及其他评价指标；三是情感态度丰富复杂，难以评估。前两个原因我们可以克服，但是，第三个原因仍是一个巨大的挑战。但是，正像比尼所说的："尽管对于情感的定义尚有争议，但是这种现存的无序状态更加要求我们做出更大的努力，因为几乎我们在学校中做的每一件事情都与情感有关。"因此，当前研究写作评价指标，无论是理论建设还是实践教学，都需要引入"动作技能"与"情感态度"两个维度。

裴：您建议从动作领域维度、认知领域维度和情感领域维度三个方面建构中小学写作评价标准，具体怎么操作呢？

郭：具体操作可以分出15个评价指标。其中，认知维度分"语言""思维"和"篇章"三个领域，三个领域各有三个评价指标，"语言"领域包含"积累""建构"和"运用"三个评价指标，"思维"领域包含"目的""转换"和"修改"三个评价指标，"篇章"领域包含"立意""选材"和"结构"三个评价指标。情感态度维度包括"兴趣/信心""意志/伦理"和"文化/价值观"三个评价指标，动作技能维度包括"速度""数量"和"卷面/排版"三个评价指标。三个维度15个评价指标也融合了语文核心素养的四个评价指标：语言建构与运用，思维发展与提升，审美鉴赏与创造，文化传承与理解。

认知维度是写作评价标准的主体。其中，语言领域是对儿童书面表达基础的评估，思维领域是对表达过程的评估，篇章领域是对表达结果的评估。

语言习得与学得是语文素养的基础，也是写作素养的基础。"读书破万卷，下笔如有神"说的就是积累的重要性。要真正形成素养，还要能运用多种方法整理自己积累的语言，发现各类语言材料之间的联系，建构自己的言语体系，并在实践中不断地运用、调整、完善。根据这个语言运用的基本规律，我们提取"积累""建构"与"运用"三个评价指标作为认知维度"语言"领域的评价指标。

从整体上看，语言领域的评价指标是一个基础，到整篇文章的成形，还有一个内部的思维环节。思维环节我们提取"目的""转换"和"修改"三个评价指标。其中，"目的"包括前人双维评价指标评估框架的"读者"与"交际语境"。由于这两个因素具有极强的临时性，我们不将它们列入评价指标，只从儿童自身出发，设置"目的"评价指标，强调根据不同的读者与交际语境调整写作的各个评价指标。关于儿童写作的心理过程，海耶斯和弗拉维将"转换"作为思维心理的核心评价指标。著名神经心理学家鲁利亚提出"写作二级转换理论"，认为学生要完成"构思转换为文字"这一过程，至少要在思维内部进行两次转换，即由思维转换为内部言语，再由内部言语转换为"呈线性序列"的外部言语表达。可见，"转换"是儿童写作思维过程的一个评价指标。"修改"也主要体现思维的内部运作。有研究者把写作的修改分成任务确认、文章评价与问题解决、策略选择、执行四个环节。这些环节需要经过概括、分析、综合、比较等不同的思维心理才能够实现。

篇章领域的评价指标前人研究最为丰富，我们根据实证研究析出的共同因子，提取"立意""选材"和"结构"三个因子作为写作核心素养评估评价指标。"立意"主要指确立中心。如果是特殊写作（考场写作），"立意"这个评价指标还应包括"审题"这个环节。对于整篇文章而言，"意犹帅也"，中心是不能少的，尤其对处于基础阶段的儿童而言，更应该养成围绕中心写作的良好习惯。"选材"评价指标主要指"选择材料"，但一般情况下还包括"使用材料"。选择一定是在使用中选择，使用一定是选择后使用，二者不可分割。"结构"评价指标主要指篇章构建。篇章构建受文体的影响，不同类型的文体常常表现为不同的构建形态；文体与表达方式密切相连，不同的文体常常又体现出某一种主导性的表达方式。因此，"结构"评价指标涉及文体、表达方式等评价指标。

以上重点解释认知维度的九个写作评价指标。下面解释一下情感态度维度与动作技能维度的六个评价指标。情感态度的研究比思维心理的研究难度更大，我们根据国内外现有研究成果，提取"兴趣/信心""意志/伦理"和"文化/价值观"三个评价指标。兴趣是最好的老师，儿童对写作不感兴趣的主要原因应该在于学校和教师，将"兴趣"作为写作的评价指标不是为了强扭儿童感兴趣，而是为了引发教师和研究者的反思，寻求让儿童真正感兴趣的教学策略。选择"信心"的用意与"兴趣"一样，指向于教师，要求通过教学给儿童写作的信心，而不是打击儿童的信心。"意志/伦理"指向于儿童，写作素养没有速成之道，真正提升写作素养，仍然需要勤学苦练，需要意志力支撑。更为重要的是，要重视写作伦理的教学，将"诚实的、完整的、清晰的、无害的"作为一种写作伦理原则告诉学生。

"文化/价值观"评价指标指向于审美鉴赏与创造、文化传承与理解。前者更多指向文学性写作，后者更多指向应用性写作。

写作教学领域动作技能维度常常被研究者忽视。其实，在小学低中学段"写话写段"阶段，动作技能是至关重要的素养。从小学高年级起，进入整篇写作练习，动作技能依然非常重要。根据课程标准，我们从动作技能中提取"速度""数量"和"卷面/排版"三个评价指标。

写作是整体性行为，具有极大的复杂性，写作认知、情感态度和动作技能三个维度不是截然分离的关系，而是相互联系的一体。三个维度评价指标间常常我中有你，你中有我，在变化的情境中，各个核心素养联结在一起发挥作用。比较典型的动作技能中的"速度"和"数量"，是课程标准里写作部分唯一在不同学段都有明确具体的规定的评价指标。这两个评价指标表面上看是儿童写作快慢的问题，其实与立意、选材、结构、写作对象、写作语境、语词选择与转换、写作兴趣、写作意志力、文化修养等认知维度、情感态度维度的诸评价指标都密切相关，"速度"和"数量"的动作技能还直接影响文章的卷面。

中小学写作评价指标三维框架是在传统单维、双维理论研究基础上的进一步完善，它有利于落实"立德树人"育人思想，有利于检测语文核心素养落实情况，有利于改善中小学写作教学。但是，三维15个评价指标只是对过去不同领域研究者研究成果的筛选、提取，还需要进一步进行实证分析。随着理论与实践的发展，更新研究成果的发表，情感维度、思维领域的指标还需要更有可测性。

裴：刚才您围绕"中小学写作教学评价标准"这个话题，简明扼要地阐述了您的观点，对于所有关心中小学写作教学的人来说，应该很有启发。我希望越来越多的同人关注这个话题、研究这个问题，从而促进这个问题早日得到很好的解决。最后，请允许我代表读者谢谢您，感谢您和我们分享对这个问题的深入思考和独到看法。

访谈嘉宾

郭家海，江苏省特级教师，江苏省正高级教师，江苏省教学名师，江苏省"333"高层次人才，江苏省教育考试院评价专家，华东师范大学教育考试评估院特聘专家，华东师范大学访问学者。自2004年起一直致力于中小学作文教学研究，研究成果两次获得江苏省教学成果一等奖。20多篇写作教学论文发表于核心期刊或被人大复印资料全文转载。编著有《中学写作教学全手册——教·学·评一体化写作教程》（江苏教育出版社），主编系列丛书"中学写作教学教程"（北京大学出版社）。

周一贯 "写真"还须"求善""尚美"

裴：周先生，您好！这些年来的语文课改发展迅猛，令人目不暇接。就以作文教学来说吧，也发生了根本性的改变。有人认为作文教学改革的深度，从某个角度看，更甚于阅读教学的改革。请问您是怎么总体评价作文课改的？

周：首先要感谢裴主编的访谈。确实，作文教学改革的幅度特别大，可以说是颠覆性的，正因为它有颠覆性的特征，所以我习惯称当今为"后作文时代"。

裴："后××时代"的称谓一般是对"前××时代"的异质认知、反思、批判和拓新，如"后工业时代"。那么，把当下作文改革称为"后作文时代"，又有着怎样的批判和拓新呢？愿闻其详。

从"伪圣化"到"写真"：作文教学开始皈依"初心"

周：中国是一个文章大国，所谓"天子重英豪，文章教尔曹"。文章与有史籍记录的年代一样久远。隋唐以来的科举考试中，文章是选拔官吏的重要依据，特别是从十五世纪到十九世纪，八股文成为乡试和会试所规定的一种必须完成的文体。这样，作文就已经被浓浓地染上了"应试"的功利色彩，而难免远离了表真心、诉真情的表达初心。此外，作文又无法脱离中国古代文化的整体背景——以"求善"为核心的"伦理型文化"，它与以古希腊文化为代表、以"求真"为目标的"科学型文化"大相径庭，以儒家伦理中心主义影响着社会意识形态的各个方面，历时长达数千年之久，这无疑也给中国作文教学打上了深深的烙印。华夏历史长河中，虽然也有不少先哲强调"情思"的重要，但毕竟只是片段式的论述，主流还是植根于"伦理文化"传统，而不是真实生活的那种为文之道。由此反思"前作文时代"习以为常的虚假说教、套话组装、伪饰真情、为他人立言、崇尚技巧之风，使小学生作文无法皈依抒发真情实感为本的表达初心，这虽然有些可悲，但毕竟也是历史依其内在动力向前发展中不可避免的负面。即使在现在，也不能完全消除这种历史的阴影。报载上海市曾以"我家的传家宝"为题举办面向全市中小学生的征文比赛。在两万多篇参赛作文中，令评委老师惊讶的是，有不少学生写的是外婆的一件补了又补的旧衣裳。如果有几篇作文写了这样的"传家宝"还是可信的，问题是在上海这样的现代化大城市里，两万多个孩子中，一下子有上千件补了又补的旧衣裳，而且还都是外婆的，就不禁令人生疑。由此可见，虚假作文之风，真不可小觑。

裴：既然"求真"是表达的初心，当属个体生命的原生态，可为什么之前的儿童作文中会那么爱说假话？

周：这是一个十分复杂的社会问题，并非小学生天生爱说假话。有一个真实的案例，还是很能说明这一点的。十多年前，重庆綦江县彩虹桥坍塌酿成大祸，曾震惊全国，但最早发现彩虹桥要坍的却是一位儿童，綦江县中山路小学一位姓刘的小学生，在一篇题为"彩虹桥要坍"的作文中写道："……桥上有的铁棒有裂缝，我看见了好几条。我觉得太危险了，仿佛身子马上就会落下去，眼前像地震发生了一样，我飞快地跨下了大桥……"遗憾的是这样一篇写了真话、诉了真情的作文，尚未拿到老师那里，就被母亲封杀了。这是篇星期天完成的作文，妈妈毫不犹豫地将标题改掉，把这段话删去，要孩子改写，并郑重地告诉他："彩虹桥是美丽的綦城的标志之一，应当用优美的词句去描绘它才对，不要说些不吉利的话。"母亲无疑出于一片爱子之心，但僵化的思维模式下无视了孩子的真诚，连是不是真实也无意过问，终于以"良好"的心愿删掉了孩子内心的真话，扼杀了孩子的一次重大发现。据此有人建议应当在坍桥的遗址建一座"耻辱碑"，碑文无须名人提笔，就用这位小学生的这篇作文好了。这真是一个很有价值的建议，它不仅记载下了这场本不该发生的灾难，而且还给我们的作文教学以深刻的反思，不是孩子不想写真话，而是来自社会的成人世界各种各样的干预，才让小学生作文染上了说假话、空话、套话的痼疾。

裴：作文教学，从追求凌虚驾空的"伪圣化"，到直面人生的"写真实"，确实是一种靓丽转身，又是一种实事求是的返璞归真。这种"后作文时代"的出现是哪些条件促成的？

周：教育的改革，从本质上体现着社会文明与时代进步的历史节奏。作文教学作为其中的一个重要部分，当然也不例外，正是改革开放的春风为"后作文时代"的开启吹响了进军号；而中华复兴的新征程，又为实事求是地推进教育改革提供了不竭的动力。思索今天"后作文时代"的教学理念，可以说是完全体现在语文课程标准之中，如："能具体明确、文从字顺地表达自己的见闻，体验和想法"；"写作教学应贴近学生实际，让学生易于动笔，乐于表达，并引导学生关注现实，热爱生活，积极向上，表达真情实感"；"要求学生说真话、实话、心里话，不说假话、空话、套话"……这些观点鲜明的作文教学新理念，正是对传统以应试教学为目标，按那些僵化的写作技巧和章法结构组装起来的模式化虚假表达的批判与颠覆。让作文重新回归实事求是的真情表白，成为直面现实生活的生命的歌唱。

"写真"是重要的基础，但还不是终极目标

裴：如此说来，儿童作文从习惯造假到提倡写真是"后作文时代"的重要标志之一，难怪现在一些老师在交流作文教学经验时，总爱念一些敢说真话，甚至是语出惊人的习作来阐释小学作文教学取得的进步和成绩。对这一现象，不知道您怎么看？

周：作文，不可说假话、表虚情，要说真话、抒真情，这十分重要。它不仅使作文教学回归到了生命的原点，而且也真正成为人格形成和发展的重要基础。但是，真实的并不等于都是正确的，显然它只是一种合理的存在。特别是儿童，他们简朴单纯，保留着许多宝贵的人性，因而儿童期

成为人生中最重要的一个生命阶段，乃至我们常常称颂一些人"童心未泯"，但是儿童毕竟是儿童，他们的认知能力有限，缺少社会生活的锤炼，思维常常是简单的，容易失之偏颇……所有这些都会影响他们的视界和意识。所以，成长的需要性和过程化，都必然会体现在"写真"时的困惑和尴尬。这样，当作文进入到"说真话、抒真情"时，就难免会有一些模糊，甚至是错误的思绪表现，需要得到同学的帮助和老师、家长的指导。那种以为只要儿童敢说、真说，就值得津津乐道，就是作文教学的终极目标的认识，显然是不全面的，甚至是错误的。这里的原因很多：第一，我们面对的是开放的、转型的社会环境，全球化的交流，各种新鲜事物的层出不穷，既有大量真善美的事物奔涌而至，但也有不少假丑恶夹杂其间。儿童并非生存在真空里，那些负面的非主流的文化不可能不对他们产生影响，自然也会出现在自由表达的作文里。第二，进入互联网时代，信息的传播和交流是海量的，但儿童甄别和选择信息的能力毕竟有限，于是一些"少儿不宜"的东西，也会在他们的实话实说中反映出来。第三，个性化教育的新环境和"独生子女"的家庭会极大地强化儿童的自我意识。本来这不是坏事，但由于儿童认知的局限性，心理发展水平的不成熟，就容易滋生特立独行、我行我素的心态，往往就群体性地表现为不同程度的反主流、反崇高、反集体、反严肃的错误思想，这同样会自然地流露在"写真话、抒真情"的作文之中。因此，我们在看到当下作文教学复归生命本真的进步时，也要关注某些儿童作文陷入崇尚"猎奇"、不合适的"标新立异"和过分追求"另类"的另一种倾向，一些"灰色作文""大话作文""疯狂作文"，不合适的"仿成人作文"，甚至"火星文作文"，以及粗话、大话、脏话等不合适的话，也时不时会张狂地出现在儿童的笔下。这是从旧的造作滑入新的造作，从旧的套路陷入新的套路，同样远离了"真情实感"。我们反对说假话的"伪圣"，说套话的"装点"，但仍然要十分重视儿童习作中的理智感、道德感、价值观和社会责任观的引导与培养。

裴：您说得很对，这确实是当下作文教学中应当注意的新问题。作文教学写真实当然很重要，但这只是走上了一条正确的轨道，前行中还会有新问题需要研究，新情况需要应对。在这方面，我们又应当怎么看待，怎么对待呢?

周：首先，儿童敢于自由表达、真情表达是大好事。但小学生的认知能力有限，会说些不合适的话，甚至是错话也很正常，说出来总要比捂起来好，说出来了才能在同学中引发讨论，才能得到老师、家长的帮助，这就是进步，就是成长。所以"写真"还不是作文教学的终极目标，写真之后的反思，自我修改，互相修改，教师批改，提升表达的纯洁、交流的正能量才是最重要的成长推力。

作文还须"求善"与"尚美"

裴：既要让学生"说真话、实话、心里话"，又要"引导学生关注现实，热爱生活，积极向上，表达真情实感"，这两者应当是辩证统一的。但在作文教学的实践过程中，教师应当如何去实现呢？

周：这就要求儿童作文在"写真"的基础上能不断引导"求善"与"尚美"。这应当是小学习作教学的真谛所在。"求善"就是求好，这就要求必须是正确的。儿童的思想情感的表达，当然不一定正确，这不要紧。即使在封建社会，也会以"童言无忌"另眼相看。但必须向正确的方向引导，因为这是他们健康成长的需要。"尚美"则是在生命表达和交流中，在"写真""求善"的同时，不断提高审美能力。当然这种对真、善、美的追求不是靠抽象说教、道德灌输来实现的，而应从儿童写作实际出发循循善诱，在逐步"培养学生观察、思考、表达和创造的能力"中慢慢进行提升。《绍兴晚报》（2015年10月12日）有一则报道说，毛医生8岁儿子的一篇日记习作这样写道："我的爸爸是一名外科医生，……每天回家都是无精打采的样子，妈妈很不高兴。""爸爸很爱睡懒觉，……我希望爸爸不要睡懒觉，不要经常去加班，我希望他和我们一起的时候要开心（,）还要有精神。要多陪陪我们……""爸爸好像并不明白我们的心思。还是每天早出晚归，一个电话就又被叫走了，休息天就想着一直睡懒觉，连狗都讨厌他。我要怎样才能让他明白他是我的爸爸而不是那些病人的爸爸。"班主任看了这篇日记，拍了照片发给孩子的妈妈。而后毛医生的妻子又转发给了他，还附加了一句:"回家改改吧!"就这样一篇日记引发的风波,一时走红了网络,各大媒体都报道此事,连《新华视点》都刊发了评论:儿子一篇童言无忌的作文,让工作11年的外科医生哭笑不得,这又爱又恨的文字,让无数医务工作者和家人感同身受,一句"连狗都讨厌他"充满了无奈的心酸……

确实,这么一篇日记习作又何止戳中了人们的痛点和泪点,它同样也激起了我们对写真习作的思考:孩子实话实说表达对爸爸的不满,无疑是纯洁童心的真情告白,所反映的要求也完全合理——在人生可贵的童年,爸爸去哪儿啦?父爱确实是不可缺席的。但孩子看问题的角度和方法又有失之偏颇的一面,一句"连狗都讨厌他"叫忠于职守的爸爸情何以堪?也许作为外科医生的爸爸,确实应当更多地关心孩子,但从作文教学的角度说,我们不也应该帮助孩子更全面地去理解爸爸,而且抓住这样的教育契机,来帮助学生在学习作文中学习"做人",让他们的认知与人格一起健康成长吗?事情在网上传开后,尽管毛医生颇觉愧疚,但在他的同事眼中"毛爸爸"也是陪娃的,只是还不够。他是一位工作低调、认真的医生,因为工作忙,需常上手术台,自然也就感觉精力不支,空下来就想睡觉了。教师如果能引导孩子去了解网上的评说、他爸爸的愧疚、他爸爸的工作状况、病人的需要,再来写一篇《我的爸爸》,就会完全不一样了,这就显得很有必要了。

因此,"后作文时代"的一条完整的"作文教学链",当有作文后的教学关注和关怀,真正实现作文教学的人格化,把作文与生命成长联系起来。在这方面,语文课程标准所强调的"写作教学应抓住取材、构思、起草、加工等环节","重视引导学生在自我修改和相互修改的过程中提高写作能力","为学生形成正确的世界观、人生观、价值观,形成良好个性和健全人格打下基础",无疑显得十分重要。这应该也是"后作文时代"须特别重视"作文后"的教学之缘由所在。即通过强化学生的"自我修改"和"相互修改",通过教师的关心和引导,将儿童的表达"写真"进一步推向认识的"求善"和"尚美"。如果说"前作文时代"要更重视"作前指导",尽量让学生明白如何说人们爱听的话,让应试多得分,那么"后作文时代"更应注重的正是"作后教学",让"写真"变得更"真",达到"求善""尚美"的"真",并从中让儿童的人格得到更健全的发展,实现生命与写作的共同成长。

裴:您说得很对,而且对当下作文教学的深化改革十分重要。在关注落实作文教学写真话、诉真情的基础上,我们应当特别重视如何面对出现的新情况、新问题,以求更全面地落实作文育人的时代责任。谢谢周先生!

访谈嘉宾

周一贯,全国著名特级教师,语文教育研究专家。全国尝试教育理论研究会副会长,全国语文板书学研究中心学术委员,在多所学校任顾问。曾任浙江省小学语文教学研究会副理事长,浙江义务教育教材小学语文编委会副主编等。从事语文教学和研究60多年,在报刊发表教育论文1400余篇,出版《小学语文文体教学大观》《语文课堂变革的创意策略》《语文教学优课论》《阅读课堂教学设计论》等著作百余部。

魏小娜

小学生作文中的"好词好句"

裴：魏老师，您好！我想和您谈谈小学生习作中的"好词好句"问题。关于这个问题，您有什么看法？

魏：这是一个非常美妙的话题。咱们可以围绕两个子话题来聊。一是谈谈如何客观评价小学作文中的"好词好句"；二是谈谈除了"好词好句"之外，小学作文教学亟待聚焦的问题是什么。

裴：好的，那我们就围绕这两个子话题来谈。

如何客观评价小学作文中的"好词好句"

魏：留心小学老师的作文批改，您也许会发现一个现象，老师用红笔圈点勾画最多的是"好词好句"。这里所指的"好词好句"，在小学作文领域有一些约定俗成的特征，一般是指四字词、成语、带有修辞手法（比喻、拟人、排比等）的句子、用了很多形容词修饰的句子。而且平时老师也会督促孩子们积累这类"好词好句"，似乎能写出"好词好句"就是学生写作追求的目标。

裴：这么一说，确实有这种体会。不管是老师、家长还是学生，都很重视这类生动优美的"好词好句"。难道这种追求有什么问题吗？

魏：小学生作文追求"好词好句"，好还是不好，还不适合简单下结论。

首先我们要正视其存在的原因。小学生，尤其是3年级刚开始写作文的小学生，对"好词好句"的追求和爱好，一方面，是出于孩子们对书面语的直观感受，华丽优美的"好词好句"就像颜色鲜亮的服饰、花卉一样，容易吸引孩子们的眼球，更容易引发孩子们对书面语的审美愉悦，继而会让他们去追求这种语言，觉得写出漂亮的"好词好句"更有成就感；另一方面，是由于教师的强化所致，教师大多喜欢在孩子作文本上勾画"好词好句"，教师展示、表扬的作文也往往是"好词好句"多的作文，这就给孩子一种暗示——我的作文中没有"好词好句"就不是好作文，因此，写作文的时候要尽量用"好词好句"。

裴：所以说，我们还是要一分为二地看待小学生作文的"好词好句"现象。作为学生，追求好词好句，并无什么大过，但是作为教师，则需要对"好词好句"保持清醒的认识。

魏：是的。文风本来就有质朴和华丽之分，小学生作文中的"好词好句"有其合理性的一面。但教师要明白，对于小学生的入门写作而言，究竟应该追求什么样的作文，如果一味追求所谓的"好词好句"，是否会给小学生作文带来一些问题。

裴：愿闻其详。

魏：其实这一点，课标中有很明确的表态：写作课程目标的一至四学段从没有出现"生动优美""辞藻优美""多用四字句"之类的表述，即便是第四学段的写作目标也只是要求："条理清楚""文从字顺""写记叙性文章，表达意图明确，内容具体充实；写简单的说明性文章，做到明白清楚；写简单的议论性文章，做到观点明确，有理有据；根据生活需要，写常见应用文"等。

裴：为什么对于一线小学语文教师热衷的"好词好句"，课标中却没有一丝一毫的提及？

魏：我想这一点植根于一代代语文教育工作者对中小学生写作的真知灼见。叶圣陶曾多次强调："小学作文教授之目的在令学生能以文字直抒情感，了无隔阂；朴实说理，不生谬误。至于修词之工，谋篇之巧，初非必要之需求。能之固佳，不能亦不为病。""断定学生作文进步与否……全属作文内容之事，而非形式之事。"而且特别指出，作文教学不要把典雅语句

——注入学生脑海,助长学生过分依赖现成的词语、句段,不要让学生认为作文的作用是"但在虚理缴绕,修词琢句……好为过言",否则,作文教学的后果将是:所教学生"能史论不能书札,能拟古写景不能就眼前景物曲曲为之传神"。[可参见中央教育科学研究所编,《叶圣陶语文教育论集》(下册),教育科学出版社,1980年]

裴:看来,追求华丽辞藻的"好词好句",也是过去的作文教师常做的事,所以叶圣陶老先生已经对此做出深刻反省了。

魏:是呀,对小学生作文追求"好词好句"现象的反思,不是一个新问题。一直都有研究者在关注。不只是叶圣陶特别强调,老一辈语言工作者如张志公、吕叔湘、朱德熙都非常反对中小学生在作文中大量使用形容词、成语之类的"好词好句"。

比如吕叔湘先生说过:"成语之类的东西,当然有用,可是要用得恰到好处。什么叫恰到好处?有两层意思。第一,要在非用不可的时候才用,用了确实使整段文字因此生色,你就用,像顾恺之给人画像,在面颊上画上三根毫毛,立刻生动起来。如果用得不恰当,就会得到相反的效果。第二,成语不能接二连三地用。海参鱼翅是美味,吃多了也腻味。拿穿衣服来作比方,衣料的质地好、颜色的花纹好、裁得好,穿起来自然好看,似有意似无意地在什么地方绣上一朵花,或者加上一道花边,就能增加一点美感。可如果满身锦绣,就像台上的戏子,可以去当京剧里的一品夫人了。"(吕叔湘《文风问题之一》,原载《语文学习》1980年第2期)吕老在这里的评价是很中肯的。

朱德熙也尖锐地指出"许多同学努力想写得'美',刻意经营了半天,写出来的都是……一连串陈腐的辞藻……不在辞藻上下功夫,反而很精彩",并举出他认为是华而不实、矫揉造作的文段——"山花烂漫,好似百凤起舞,桃花乱落,好似渐渐红雨。大雁高飞,舞动矫健的翅膀。春潮击岸,发出震耳欲聋的鸣声。"他认为刻意在写作时寻思用好词好句,会让学生不好好思考真实场景,比如一写天气就想到阳光明媚、万里无云,而不是去真实观察天气具体的情形。(参见朱德熙《作文指导》,开明书店,1951年)

顾振彪先生就反对小学生华丽的文风，他还专门写过一篇文章就叫《请勿迷信好词好句》，在批判小学生迷信"好词好句"的风气之后，正面指出："文字是符号，语言是工具，本身无所谓好坏，关键在于运用，运用得好则好，运用得差就差。所谓'好词好句'，如果确切精密表达了作者的思想感情，那就确是'好'；如果只是堆砌华丽辞藻，没有准确表情达意，则不仅称不上'好'，还只能说是'坏'。……文章风格多种多样，有华丽的，也有朴素的。……学校作文追求'好词好句'……容易把学生作文引到华而不实的邪路上去。"

裴：听您这么一说，我明白了这次您为什么选这个话题来谈。学校对作文的态度，其实不仅关涉孩子的文风，而且一定程度上还决定了孩子未来的思维风格、职场写作和生活态度。尤其是在孩子还没有鉴别力的时候，学校作文如果过于狭隘地定位在"好词好句"，确实应引起重视。

魏：近来也有不少研究者在反思这个问题，认为"如果一名学生不懂得去感受自然生命的美好，尊重自然生命的个性价值，他们就不会懂得：无论多少堆落叶，都代表不了一棵树。无论收集多少'好词好句'，也难以写出一篇好作品"，还指出"好词好句是劣质化妆品"等。

裴：是呀，尽管不断有研究者在呼吁警惕"好词好句"这个美丽的"作文杀手"，但为什么还是有很多老师和学生趋之若鹜呢？

魏：确实如此，为什么长期以来"好词好句"一直在小学作文教学中占据重要的地位？这是个很值得思考的问题，也是我这次要再谈这个话题的原因。

裴：可不可以这样来理解，"好词好句"之所以挥之难去，是因为我们没有找准小学生学习写作的关键和核心？大家心里想：除了"好词好句"还能教什么？

魏：我私下也觉得没有找准小学生学习写作的关键和核心是重要原因之一。因此，接下来我们将由"好词好句"引出下一个话题：小学生作文教学究竟该聚焦什么？换句话，究竟什么才是小学生作文尤其是小学生入门作文最值得迫切关注的问题？

裴：好的。

小学作文教学亟待聚焦的问题是什么

魏：要思考这个问题，确实很复杂。

小学作文起步阶段，其实有很多矛盾共存："放胆"与"小心"之间的矛盾、自由写作和技法写作的矛盾、写作内容提取和写作形式选择之间的矛盾、共通性表达和个性表达的矛盾等。如何在诸多矛盾中，为小学生作文入门阶段提供恰切的教学知识，是需要慎重思考的。这里只能谈谈个人的两点看法，供批评指正。

一是写作教学过程中要关注基本的思维训练。作文内容充实与否，作文章法合理与否，行文结构清晰与否，本质上说与思维的关系密不可分。想得清楚不一定写得清楚，但想不清楚一定写不清楚。面对需要表达的人、事、物、景等，指导学生作文的过程就是引导学生思维条理化、清晰化的过程。虽然不同的写作对象思维过程不同，不同的年级思维复杂程度不同，但作文教学的各种技能、技法应该紧紧服务于学生思维的发展，离开学生思维的发展空谈技法，会使写作技能变成文字游戏。

裴：这段话有点抽象。能不能具体点谈呢？

魏：可以举个例子，就以"好词好句"为例子吧。老师教"好词好句"也无可厚非，但是要结合学生的思维发展来进行。比如写"玉兰花"吧，你领着学生到公园里看到漂亮的玉兰花，真是很美！可是你问学生："这么美的玉兰花，像什么呢？"学生会有各种回答。

我曾经遇到过一个小学生当时是这么说的："玉兰花的花瓣肥肥大大的，下面细一点，上面宽一点，像个鸡腿菇。"

您看，孩子观察了，也动脑筋联想了，所以想出来了一个比喻。但是这个比喻明显有点"不美"，反映了孩子在观察时没有自觉运用"审美思维"来认知玉兰花。这个时候老师有两种引导。一种是干脆上网找点写花的"好词好句"背记下来。一种是这样引导孩子：玉兰花的形状确实像鸡腿菇，但是你认为这两者相比，是一样的美吗？如果我们用了一个不美的事物来比喻美的事物是不是有点别扭呢？我们可不可以换一个美的事物来比喻玉兰花，让玉兰花变得更美呢？——这时候就启发学生带着审美的眼光去选择喻体。

裴：听您举这个例子，我感觉到了，老师同样在教"好词好句"，但是这种引导是跟孩子的审美思维培养一起进行的。孩子到后来自己找到了美的喻体，不只是为了写句漂亮话，还真正发展了审美的思维。

魏：是的。其实很多"好词好句"的背后是写作者优秀的思维品质在支撑着，教师即便是要教"好词好句"，也应该在这些方面下点功夫。

实际上，对于入门阶段的小学生而言，审美思维还只是一小部分，非常迫切关注的是全面的、基本的思维训练。当孩子们不能建立起基本的时间顺序、空间顺序、事理顺序、因果关系、递进关系、总分关系、并列关系等逻辑思维，孩子的句群、段落、篇章构架就很难进行。

需要提醒的是，基于基本思维训练而写的作文可能是比较质朴的，与大家看惯了的"好词好句"文风有一些反差。

裴：确实，现在我们老师在批改学生作文的时候，似乎更愿意欣赏"好词好句"，而对此之外的优点的肯定似乎不够，尤其是对思维品质的关注更不多。

魏：这种教师评价上的偏颇，会引起连环效应。所以建议教师在孩子学习入门写作的时候，更应该关注行文所反映的思维品质：也许一篇作文一个四字词都没有、一个比喻拟人句都没有，但是只要能清晰表达一个意思，就非常值得教师肯定。因为好的思维是行文的骨架，有了好的骨架，随着孩子年龄的增长、对世界认知的丰富，"好词好句"之类的花叶自然会成长起来。否则，过早机械、片面地追求零零落落、花枝招展的"好词好句"，很难长出参天大树。

裴：我综合您上面的谈话。您的意思是：我们需要教写作技能、技巧之类的知识，但这些知识在完成写作的过程中，要服务于学生思维品质的提升，不能为了技巧而技巧。而这种教学需要教师的全面评价，不能过多关注"好词好句"，要关注孩子作品的思维是否清晰。不知道我理解得对不对？

魏：是这样的。为思维品质而教技能，学生收获的不仅是一篇文章，还有可迁移到其他学习和生活领域的思维，同时也更有写作的"后劲"。

裴：刚才我们主要谈了"小学作文教学究竟该聚焦什么"这个话题的第一点：写作教学过程中要关注基本的思维训练。还有其他的聚焦点吗？

魏：接下来我想提到的是第二点：写作教学过程要关注最基本的语言表达规范。

前面我们提到，想得清楚也不一定写得清楚。其中重要的原因之一是写作是需要特定的语言规则来"缀字成文"，尽管是母语写作，语感好的同学也许可以"我手写我口"，但是大多小学作文入门阶段的孩子在把内部语言向外部转化的时候，是非常困难的。不妨让我们多看看那些真实的表达困难吧：

"在这片树林里，树一棵棵高大挺拔，风'哗'·吹，半空中下起了树叶雨，地上铺了一层红扑扑的毛毯，只要呼吸一口，整个鼻子中流着一丝丝雨的芳香，在里面回荡。"（3年级下册习作片段）

"记名字比赛开始了，比赛规则是看哪个班的两个人记的同班同学最多。谁们班的两人记对的多，谁们班就胜利了，每班的两人各一分钟的说班里同学的时间。"（3年级下册习作片段）

当我们直面这些稚嫩而真实的写作困惑时，才能体会"文从字顺""条理清楚"是一个多么务实而紧迫的写作教学目标。同时也会发现，目前小学作文教学对语言表达的基本训练是远远不够——甚至是束手无策的，面对孩子真实表现出来的语言困难，教师仅仅依靠语感是很难辨识和解决的。

裴：那怎么解决呢？

魏：解决孩子最初运用书面语的困惑，在我看来是一个非常独特的研究领域，这一领域既不同于作家创作的表达，不同于语言学家的语言规律研究，也不同于成人的语言表达。需要开展专门的研究，在这方面，一线教师有着天然的优势，要珍惜并深入研究学生习作中的基本语言表达困惑——为什么"写不顺"，而不是为什么"写不美"。

如果我们不直面这些基本语言表达的困惑，就不能在孩子起步写作时提供真切有效的帮助。我们可能会"自以为是"地教给孩子"药不对症"的语言表达知识，或者是"回避矛盾"转而去追求"好词好句"。其结果都会导致孩子绕过了基本语言表达的训练，获取了很多看似有效的写"考试体作文"的能力，却对于"正常的写作"缺乏真切的体会和训练，无力应付生活所需的、真实的基本表达能力——我称之为写作上的"人格分离"现象。不少青少年朋友跟我交流的时候说：其实我的写作能力真不怎么样，我只是会写考试的作文。这种"写作的人格分离"，到了大学、工作、生活中，会日渐得以暴露，导致无法有效利用写作来应对生活、工作和学习——这笔入门写作欠下的"账"仍然会突出地存在，导致成人的基本语言表达不过关，只是这时不叫"孩子最初运用书面语的困惑"，而是叫"成人的基本书面语表达不过关"。

裴：您提到"孩子最初运用书面语的困惑"，倒真是一个很特殊的问题。所谓孩子写作难，有时候并不是没有思维、没有内容，问题是心里想写的不知道怎么写。如果这个问题解决不了，虽然有的是成人了，基本表达也是难以过关的。那么有没有在解决"孩子最初运用书面语的困惑"这方面做得好的例子呢？

魏：有的。其实有不少一线教师就是基于学生真实的写作样本开展"写作知识"的提炼的。但这里要特别提醒：那种围绕如何把学生的语言变得"生动""优美""陌生化"的"写作知识"，不是我这里所提倡的。我所欣赏的是能够帮助学生把自己要表达的内容真切、通顺地表达出来的"写作知识"提取。

我遇到过这样的例子：一个小学3年级的作文老师安排学生按照空间顺序来写景物。学生参观前，老师领着他们又复习了语文教材里的一篇例文，勾勒了书上的方位词，然后才让他们去参观。而且老师还刻意领着学生到一个有明显方位顺序的地方参观。

但是，老师把孩子们的作文收上来一看，很多同学还是前言不搭后语，说不清楚参观过的景物。

这时候，这位老师就仔细研究顺序写作有问题的作文，发现一个现象：无论客观景物如何清晰地向孩子们展示了顺序，但孩子们要用文字一字一字地把它们写出来，其实是很困难的——没有很熟练地掌握方位词，无法用到写作中；从景物的一部分写到另一个部分，中间的过渡句不知道怎样写；没有掌握"定点观察顺序"和"移步换景观察顺序"在写作中的常用句型结构——这些缺失导致孩子满脑子的景物写不出来。

裴：那后来这位老师怎么办的？

魏：这位老师后来就抓住最突出的问题——学生没有掌握"定点观察顺序"和"移步换景观察顺序"在写作中的常用句型结构，给学生上了一次作文课。教学生知道定点观察顺序该用"在某某（定点）的前面是……在某某（定点）的后面是……在某某（定点）的左边是……在某某（定点）的右边是……"的典型句式结构；而移步换景的观察顺序应该用"走过了地方A，我们就来到了地方B……从地方B往右走就是地方C……"的典型句式结构。

后来再次修改后的作文就好很多。由这个例子其实可以看出，老师提供的写作知识是一种很朴素、很基本也很有迁移价值的写作知识，能够解决孩子最基本的写作困惑。相信经过这样引导的孩子，日后面对需要按照方位表达的对象，可以比较顺畅、准确地进行写作。

裴：这个例子确实很典型。我发现这个例子中老师提供的写作知识还是很具体的。那么一线老师怎么样才能找到这样的写作知识呢？老师们想研究的话，有没有努力的方向和路径呢？

魏：我的个人看法，也仅供大家参考。努力的方向有三个：一是要充分关注和研究孩子语言表达的常见困难，我们为孩子提供语言表达方面的知识、技能、策略等，目的是帮助其达到"文从字顺""条理清楚"——这是最低标准，也是最高标准。有时候教孩子写出"漂亮"的句子很容易（可以回避自己真实要表达的内容，而只追求句子形式），但是教孩子把自己的意思表达得"文从字顺""条理清楚"很难。所以，我们要尽可能研究如何帮助孩子把自己的意思表达得"文从字顺"，而不是研究如何帮助孩子去写漂亮句子而绕过自己要表达的意思。二是要积极学习必要的句法、修辞知识，掌握比如"费解""歧义""堆砌""烦冗""苟简"等语言现象，帮助我们更好地研究孩子们真实的语言表达困难。三是要积极吸纳创作领域的学术成果，比如研究者发现三流作家堆积形容词与副词，二流作家善用动词，一流作家只用名词，这里面有什么规律可以为中小学写作教学借鉴呢？

裴：谢谢！我们一起围绕"好词好句"谈了这么多。

魏：也谢谢您，为我提供了一次深入思考小学作文"好词好句"问题的机会。

访谈嘉宾

魏小娜，课程与教学论专业博士，西南大学文学院教授，硕士生导师，语文教育研究室主任。主要研究方向为语文课程与教学论，曾从事中学语文教学工作多年。现承担"语文教学设计""语文教学设计与案例分析""语文教育史""语文学科测量与评价""现代课程论"等本科和硕士研究生课程。2014年8月至2015年8月在美国伊利诺伊大学香槟分校教育学院访学，师从著名课程论专家Lan Westbury，从事国际语言艺术教学课程设计的比较研究。

后 记

近年来，我有一个设想，就是在《语文教学通讯》上开设一个"访谈"栏目，但是由于种种原因，这个设想没有变为现实。直到2018年春节期间，我与几位朋友在一起茶叙，他们使劲儿鼓动我快把这个栏目开起来，我才真正下定决心，把这件事情提上议事日程。

其实，为期刊做"访谈"类栏目，是一件出力不讨好的事情。这也正是这个栏目迟迟开不了的原因。与开办"论坛"类栏目相比，它的难点在于选题难、选人难、对话难、成文难。"论坛"类栏目只需要研究作者的研究背景和研究特长，然后由合适的作者独立撰写稿件即可，而"访谈"类栏目不仅要研究作者，还要研究自己，思考谈话双方共同适合的访谈话题、对话节奏、成文要求等。有的时候，期刊的常设栏目可以"守株待兔"，根本用不着主动约稿，而"访谈"类栏目却需要付出若干倍的心血，寻找访谈对象，谋划访谈话题，彼此反复沟通，最后形成文字。如果不下定决心，这样的栏目做上几期就会难以为继。

要做"访谈"栏目，首先面临的问题就是：谈什么？

《语文教学通讯》是一本面向语文教师的专业性学术期刊，40年来，它为广大语文教师提供及时而周到的专业引领和实践支撑，一直是广大语文教师的好向导、好帮手、好朋友。尤其是在阅读教学领域，这些年发表了难以计数的优质教研文章，为全国中小学语文教学做出了不可磨灭的重要贡献。但是，我们发现：和全国许多同类期刊一样，多年来我们在写作教学领域的教研成果反映得还不够充分，而写作教学是语文教学中非常重要的一个方面，理应得到充分重视。为此，我决定从"访谈"栏目开始，彻底改变这种状况。于是，我们精心设计了本刊2018年"访谈"计划，全年"访谈"话题全部为写作教学，旨在展示写作教研成果、引领写作教学研究、推进写作课堂改革。

明确了"谈什么"，接下来的问题就是"和谁谈"。

新世纪以来，我国关注中小学写作教学研究的高校学者和中小学语文名师越来越多。尤其是重点师范院校培养了一大批专攻语文学科的博士，为我国中小学写作教学的研究提供了高素质的研究人才。这些研究者，大多具有扎实的理论基础、丰富的教学实践、开阔的国际视野，他们的加盟把我国中小学写作教学的研究水平提高到了一个新的水平。我们欣喜地看到，每年都有很有学术价值的写作教学论著出版面世。专业人才的涌现，专业论著的出版，专业文章的发表，为我们开好写作教学的"访谈"栏目，提供了充足的访谈资源。从2018年初到现在，我先后向20多位高校学者和中小学名师发出邀请，到目前为止，已经完成"访谈"的有16位，其余几位由于种种原因须延后完成"访谈"。这16位受访者中，有6位高校学者，他们是上海师范大学李白坚教授，西南大学荣维东教授和魏小娜教授，杭州外国语学院汪潮教授，集美大学施茂枝教授，上海师范大学丁炜副教授；有4位中学语文名师，他们是湖北特级教师余映潮，上海特级教师邓彤，江苏特级教师郭家海，广东特级教师王爱娣；还有6位小学语文名师，他们是浙江特级教师周一贯，江苏特级教师吴勇，福建语文名师何捷，广东特级教师钟传祎，江苏特级教师张赛琴，浙江特级教师张晨瑛。这些受访者，每一位都是我国中小学写作教学研究和实践的先行者。通过和他们的对话，我在写作教学研究领域学到了好多东西。对我而言，"访谈"的过程也是我自己学习和提升的过程。

搞清楚"谈什么""和谁谈"之后，就面临"怎么谈"的问题。

我选定的访谈嘉宾全部在外地，一种办法是请访谈嘉宾到太原来面谈，语文报社具备所有的拍摄条件，但是因此产生的费用将很高，这个办法不可取；一种办法是我去受邀嘉宾的当地进行访谈，这种办法费用也很高，也不可取；最后，我们还是利用现代科技手段进行远程交谈的方式，完成了访谈任务。为了高标准地完成一次访谈，我们通过微信反复沟通，商量访谈的子话题、访谈的详略点、访谈的框架结构、访谈的风格等，待到最后成文，往往还要反复斟酌、仔细推敲，直到对话双方都很满意。记得与荣维东教授的"访谈"，先后修改过6次之多；与李白坚先生的"访谈"，前两次的"访谈"不尽如人意，我们又重新商量搞了第三次。其余的"访谈"，也较少有一次性圆满完成的。

"访谈"栏目开设后，得到了广大读者的广泛好评。我们在"语文教学通讯小学刊"微信公众号和"中小学写作教学"微信公众号上陆续推送了部分文章，获得众多读者的喜爱和点赞。他们纷纷建言，希望能将这些"访谈"文章结集出版，以便他们查阅、学习、借鉴。有的名师工作室提出，要组织工作室全体成员，认真学习，转变观念，提升写作教研能力，加快写作教学改革。为此，我利用假期休息的时间，精心编辑了本书。在本书即将付梓的时刻，我要感谢广大读者的鼓励和建议，同时，还要感谢在百忙之中接受"访谈"的16位学者、名师！

当我把编写这本书的想法向德高望重的倪文锦先生汇报后，得到了倪先生的热情肯定，他欣然答应为本书作序。在此，我特别感谢倪先生的勉励和支持！

写作教研永远在路上，让我们一起再努力。

裴海安

2019年春于太原